MANA

BARBARA BARKHAUSEN

GELIEBTES AUSTRALIEN

EINE KRITISCH-HUMORVOLLE

LIEBESERKLÄRUNG

AN DAS LAND DER TRÄUME

Danksagung

Bedanken möchte ich mich bei meiner Familie, die geduldig die langen Nächte des Schreibens akzeptiert hat, bei meinem Mann, meinen Eltern, meiner Freundin Ann-Charlott Paduch und dem Lektoren-Team des MANA-Verlages, die als erste Leser wichtige Tipps und Anregungen gegeben haben, und bei meinen Kollegen und Freunden, die erlaubt haben, dass ich einen Ausschnitt unseres Lebens hier mit ihren Anekdoten und Geschichten bereichert habe. Die Namen einiger Privatpersonen sind zum Schutz dieser verändert – doch die Geschichten und Ereignisse haben sich allesamt so zugetragen.

Inhalt

Prolog

Mitten im Outback

„I neeed some 'erbs." Wie bitte? Hatte ich meinen französischen Kollegen da richtig verstanden? Er wollte Kräuter einkaufen? Mitten im Outback? „Ah, 'ere – excellont." Terragon, mint – only two bunches, ok?" Claude sah mich mit seinen großen, dunklen Hundeaugen bittend an und legte je ein Bündel Estragon und Minze in den Einkaufswagen. Wir waren in Alice Springs, der zentralsten Stadt Australiens, mitten im Nirgendwo, und es war heiß wie in einer Bratpfanne. Erstaunt schüttelte ich den Kopf darüber, dass es solche ausgefallenen Feinschmeckereien hier überhaupt gab. Dann verdrängte ich den Gedanken wieder und checkte meine Überlebensliste: Wasser, Brot, Reis, Nudeln, trockene Kekse. Das wollten wir auf unsere Reise in die Wüste mitnehmen.

Ich sollte einen Film über die wild lebenden Kamele in Australien drehen und hatte tatsächlich zwei deutsche Wissenschaftler ausfindig gemacht, die mitten in diesem Nirgendwo wohnten und seit Jahren die einzig wild lebenden Kamele der Welt erforschten. Deutsche sind eben überall, hatte ich mir gedacht, als ich von den Wissenschaftlern hörte, und meldete das stolz an den Sender zu Hause.

Doch nun standen wir hier im Supermarkt und wollten Vorräte für die nächsten drei Tage einkaufen, an denen wir von jeglicher Zivilisation abgeschnitten sein sollten. Den australischen Kameramann Tom hatten wir im Auto gelassen – ein Fehler, wie ich nun feststellte, als Claude beharrlich Lebensmittel für seinen „Spezial-Riz" – ein Reisgericht – einkaufte, das er für uns über dem offenen Feuer kochen wollte. „Wenn es dich glücklich macht", willigte ich schließlich seufzend ein. Tom, der einzige Australier unter uns, schüttelte prompt den Kopf, als er uns schließlich mit fünf Tüten beladen wieder aus dem Supermarkt kommen sah. Seine wilden, dunklen Haare flogen ihm um den Kopf.

„Wollt ihr einen ganzen Monat verreisen, oder was?" Ich sah ihn vorwurfsvoll an: „Wir müssen ja auf Nummer Sicher gehen. Was, wenn wir mit dem Auto im Outback liegen bleiben? Ich habe auch die fünffache Menge Wasser und Essen gekauft. So könnten wir zumindest eine Woche überleben, wenn was passiert." Tom starrte mich an. „I see", sagte er nur und kniff die Augenbrauen zusammen. „Do you plan on doing that?" Hast du vor, das zu tun? Nein, natürlich nicht, versicherte ich ihm, aber man wisse ja nie. Ich konnte sehen, was in Tom vorging: „Diese verflixten, überorganisierten Deutschen." Höflichkeitshalber verkniff er sich aber jede Bemerkung. Seine Ruhe hielt jedoch nur so lange an, bis er die Taschen in den Esky – die australische Kühlbox – umräumte. „What do you plan to do with this bloody green stuff?" Was wollt ihr mit dem Grünzeug hier anfangen? Er zog Claudes Estragon- und Minzbüschel hervor und wedelte sie vor meinem Gesicht hin und her. „Wollt ihr damit die Kängurus füttern?" Ich zog die Schultern hoch und deutete wortlos auf Claude, der sich kaum sichtbar duckte und aus der „Schusslinie" verschwand. „Bloody French", schimpfte Tom vor sich hin und stieg in unseren Landcruiser ein, der mit einem doppelten Tank ausgestattet war. Den hatte ich vorsichtshalber gebucht, damit uns nicht auf halber Strecke das Benzin ausgehen würde.

Schließlich machten wir uns auf den Weg zu einem recht unbekannten Ziel. Wir wussten, dass wir kurz nach Alice Springs den Tanami Track Richtung Norden folgen sollten. Doch dann wurde es spannend. „Fahrt genau 190 Kilometer aus Alice Springs raus", hatte der deutsche Wissenschaftler zu mir gesagt, als ich ihn auf seinem Satellitentelefon angerufen hatte. „Nach 190 Kilometern biegt ihr links ab. Es ist keine große Straße, nur so ein Weg, nicht geteert natürlich, und ohne Schild. Ihr werdet ihn schon finden. Wenn ihr abgebogen seid, sind es nochmal 110 Kilometer bis zu uns. Wir freuen uns schon, mal wieder Menschen zu sehen und nicht nur Kamele und Dingos."

Als wir in den Tanami Track einbogen, schickte ich ein Stoßgebet gen Himmel, dass wir diesen verflixten, nicht geteerten Weg ohne Schild bloß finden mögen. Tom schien meine Gedanken zu lesen und legte seine Hand beruhigend auf meinen Arm. „Mach dir keine Sorgen. Wir haben ja genug zu essen und zu trinken dabei und zudem eine doppelte Tankfüllung." Er grinste verschmitzt, als er *No Worries* sagte, gab Gas und das Auto verschwand in den roten Staubwolken des Outbacks.

Kapitel I: (Sechs Monate früher)

Abschied von der bayerischen Gemütlichkeit

„Come away with me" – Norah Jones' Musik schlich sich in meine Unterhaltung wie ein Spielverderber, der mein Geheimnis verraten wollte. Ich summte mit, während ich gedankenverloren auf unsere Freunde blickte, die wir für ein Jahr nicht mehr sehen würden.

Etwa zehn Leute zwängten sich auf engstem Raum in die Küche unseres Freundes Joachim in München. Wir feierten eine Art *House-Warming-Party*, nachdem wir die Wohnung neu gestrichen und umdekoriert hatten. Wir saßen auf den abgedeckten Möbeln und tranken Bier und Apfelsaftschorle. „Übrigens: wir gehen für ein Jahr nach Australien", sagte mein Mann Michael ziemlich unvermittelt und versuchte, die anderen zu übertönen. Das gelang ihm spielend, denn die gesamte Mannschaft verstummte wie mit einem Paukenschlag. Doch es dauerte nicht lange bis die Fragerei losging:

„Was, so weit weg?"

„Wann denn?"

„Können wir mal vorbeikommen?"

„Wollt ihr für immer bleiben?"

„Ist euch nach eineinhalb Jahren Ehe schon langweilig?"

Alle stürmten gleichzeitig auf uns ein. Michael hob seine Hände wie ein Orchesterdirigent: „Halt, halt. Also: Ich habe ein Angebot für ein Jahr. Barbara hat unbezahlten Urlaub genommen und dann schauen wir mal. Und ja: Ihr könnt alle zu Besuch kommen."

Die meisten gaben sich damit zufrieden und wandten sich wieder ihrem Bier zu. Doch meine beste Freundin saß mit Tränen in den Augen in der Ecke. „Hey, was ist denn los?", ging ich auf sie zu und wollte sie in den Arm nehmen. Sie wischte mich mit einer leicht ungeduldigen Handbewegung weg. „Ach, nichts. Aber du glaubst doch selbst nicht, dass ihr nach einem Jahr wiederkommt. Euch wird es so gut gefallen, ihr werdet neue Freunde finden und uns hier zu Hause vergessen." „Ich werde dich auf keinen Fall vergessen", protestierte ich. „Wir können doch jede Woche telefonieren! Das ist jetzt nicht mehr so teuer." Sie sah mich zweifelnd und ziemlich gekränkt an. Ich zuckte die Schultern. Was sonst sollte ich ihr sagen? Ich wusste ja selbst nicht, was kommen würde ...

Die folgenden Tage waren ein emotionales Auf und Ab. Die einen freuten sich für uns, die anderen warnten uns, einige waren persönlich beleidigt, dass wir sie verließen. Schneller als gedacht, nahte der letzte Abend. Wir hatten uns gegen eine Abschiedsparty entschieden, da unser Hab und Gut bereits seit einigen Tagen in einen Container gepackt auf dem Meer schipperte und wir gerade noch eine alte Matraze in der Wohnung hatten. So trafen wir uns alle im „Grissini", unserem Lieblingsitaliener, auf eine *Linguine al Pesto*-Portion und ein *Panna Cotta*. Ich streichelte gedankenverloren den alten Kater, der wie ein Dekostück im Regal am Eingang saß. Mir war ein wenig mulmig zumute, ins Restaurant hineinzugehen. Hatte ich jetzt schon Heimweh? So ein Quatsch. Reiß dich zusammen, schimpfte ich innerlich mit mir, setzte mein freundliches Gesicht auf und ging freudestrahlend zu unseren Freunden an den Tisch. Doch mein freudiges Lächeln verwandelte sich über den Abend hinweg in ein gequältes Grinsen und als die Truppe schließlich ihre Abschiedsgeschenke hervorholte, hätte ich heulen können wie ein Schlosshund.

Michael sah mich von Zeit zu Zeit besorgt von der Seite an. Heimweh war ihm fremd. Je weiter weg desto besser, hieß seine Devise. Nicht umsonst hatte er seine Bundeswehrzeit bei der Marine verbracht und war zwei Jahre über die Meere dieser Erde geschippert. Neben einem Stoppelhaarschnitt hatte er vor allem Fernweh mitgebracht. Ich war da bei weitem nicht so abgebrüht und als ich die zahlreichen Pakete auspackte, wischte ich mir heimlich mehrmals über die Augen: ein Fotoalbum mit allen Kollegen, ein Puzzle mit 1000 Teilen ... Ich schaute meinen Kollegen und Freund Robert fragend an: „Schloss Neuschwanstein – falls dir mal langweilig ist", sagte er schmunzelnd. Ein Rezept für Bayerisch Crème, ein Stofftier zum Kuscheln ... Ich war gerührt und brachte kein Wort mehr hervor.

Michael zog den Kuschelaffen mit den überlangen Armen aus dem Geschenkeberg hervor. „Was denkt ihr, wie viel Platz wir noch in unserem Gepäck haben, Leute? Ich will ja nicht undankbar sein, aber hättet ihr euch nicht auf kleine Sachen beschränken können?" Joachim fiel ihm grinsend ins Wort. „Wir bestehen darauf, dass ihr alles mitnehmt. Wenn wir euch besuchen kommen, wollen wir jedes Stück an einem Ehrenplatz sehen!"

Kapitel II

Ankunft auf dem Fünften Kontinent

Zwei Tage später saßen wir im Flieger. München – Amsterdam – Bangkok – Sydney. „Was darf es sein? Ein Glas Wasser vielleicht?" Die Frage der freundlich lächelnden Stewardess riss mich aus meiner Monotonie, die sich nach 18 Stunden Flug eingestellt hatte. Ich bemühte mich um ein ähnlich freundliches Lächeln. Doch das misslang kläglich. Seit dem Zwischenstopp in Bangkok hatte ich die praktische Papiertüte, die im Flugzeugsitz vor mir klemmte, gleich mehrmals bemüht. „Was musst du auch in Thailand ein Sandwich mit frischem Salat bestellen?" Michaels Mitleid hielt sich in Grenzen. „Das weiß doch jedes Kind, dass das kein europäischer Magen aushält. Die haben da einfach andere Bakterien." Ich versuchte, ihn zu ignorieren und wandte mich wieder der Stewardess zu, die immer noch lächelnd vor mir stand. „Ja, danke, ein Glas Wasser wäre toll", sagte ich mit matter Stimme. Noch sechs Stunden in der Luft, dachte ich, bevor wir auf australischem Boden aufsetzen würden. Mein Magen zog sich nochmals schmerzhaft zusammen.

Vor uns saß eine Gruppe Australier, die die Länge des Fluges kein bisschen zu stören schien. „Matt, wollen wir nachher noch surfen gehen?", fragte einer der braun gebrannten jungen Männer seinen blonden, muskelbepackten Nebenmann. „Klar!" Ich schaute in meinen Reiseführer, der aufgeschlagen auf meinem Schoß lag. „Der Australier ist freundlich, optimistisch und meist gut gelaunt." Da schien ja etwas Wahres dran zu sein, wenn ich meine Vordermänner so beobachtete. Ich überlegte, wie das hatte funktionieren können: Da setzt man eine Anzahl Krimineller auf einem Kontinent weit weg von jedermann sonst aus, zwischen Haien und Krokodilen, giftigen Schlangen und Spinnen, und kaum 200 Jahre später entsteht daraus eines der fröhlichsten Völkchen der Welt.

Gierig nach neuen Erfahrungen und einer Auszeit von deutschen Arbeits- und Lebensgewohnheiten hatten wir uns selbst entschieden nach Australien zu gehen. Michael hatte schon häufiger einen Auslandseinsatz bei seinem Chef ins Gespräch gebracht. Und als schließlich eine einjährige Entsendung ins Büro nach Sydney ins Haus flatterte, stimmten wir dieser zu, ohne groß darüber nachzudenken. Jetzt saß ich hier also – mit einer pappbraunen Kotztüte in der einen und einem Reiseführer in der anderen Hand – und war noch fünfeinhalb Stunden von meinem neuen Heimatland entfernt. Die Übelkeit wollte sich partout nicht verziehen und auch das Glas Wasser konnte da nicht helfen. Ich versuchte, mich wieder auf meinen Reiseführer zu konzentrieren. „Der Australier ist stets hilfsbereit und ein beliebter Satz lautet: ‚No worries, mate.'" Also: Keine Sorge, mein Freund.

Eine neue Welle Übelkeit erfasste mich. Da meldete der Pilot aus dem Cockpit, dass wir nun über dem australischen Kontinent angekommen seien. Ich beugte mich einmal quer über Michael und versuchte, einen Blick nach unten zu erhaschen. Zwischen ein paar Schäfchenwolken blitzte tatsächlich rote Erde auf.

„Mate, what's for brekkie?", erklang wieder die Stimme meines surfenden Vordermannes. Ich schaute Michael fragend an. „Er will wissen, was es zum Frühstück gibt. Brekkie – breakfast – verstehst du?" Ich nickte und verzog das Gesicht. Nach fünf Jahren Englischer Literatur im Nebenfach und einer ausgeprägten Affinität zum Britischen schüttelte es mich bei dieser Wortwahl – mit gutem Recht, wie ich fand. Michael – weniger anspruchsvoll, was die englische Aussprache und Wortwahl anging – hatte in der Zwischenzeit selbst einen Blick in die Speisekarte im Flugzeug geworfen. „Es gibt *Meat Pie*, das ist ja eine echte Lektion in australischer Küche", meinte er grinsend.

Mit Michael verhält sich das so: Er war von Anfang an 150 Prozent davon überzeugt, dass er Australien phänomenal findet. Von dieser Meinung hätte ihn selbst ein Tornado nicht abbringen können. So liebt er – wahrscheinlich als einziger Ausländer in ganz Australien – die nationale Leibspeise *Vegemite*. Mit diesem braunen, maggiähnlichen Hefeaufstrich werden in Australien die Kinder groß und stark – ziemlich groß und stark sogar, und Vitamin B enthält es auch.

Und ziemlich viel Salz oder nur Salz oder keine Ahnung was noch, denn wenn man ehrlich ist – und Nicht-Australier – schmeckt es einfach nur scheußlich. Doch diese Extrem-Probe meiner Geschmacksnerven stand mir noch gar nicht bevor. Zunächst wurde unter dem wärmenden Alu nur ein leicht undefinierbarer Blätterteigkuchen serviert. Nicht, dass mir nach Essen zumute war, doch der Inhalt interessierte mich schon. Schließlich muss man sich mit den Spezialitäten eines neuen Landes vertraut machen. Nach Jahren bayerischer Hausmannskost bei meinen Eltern im niederbayerischen Passau und dem oft schlabberigen Kantinenessen bei meinem Arbeitgeber, einer Filmproduktionsfirma in München, war ich zudem wild auf neue Eindrücke, Gerüche und Geschmacksrichtungen. Diese Neugierde war es wohl auch gewesen, die mir in Bangkok auf den Magen geschlagen war. Neue Gerüche konnte mein angeschlagener Magen allerdings noch nicht gut verkraften. Kräftig gewürztes Rindfleisch zu einer undefinierbaren Soße zermanscht, quoll mir entgegen, als ich den *Pie* mit meiner Gabel anstach. Ich verzog das Gesicht. „Was musst du den Fleischkuchen auch so zermanschen?" Michael schüttelte den Kopf. „Mhm, schmeckt lecker." Er schaute mich von der Seite an. „Du solltest aber lieber die Finger davon lassen mit deinem Magen." Ich verschob das Erlebnis australischer Kochkünste erstmal in die Zukunft. Mit klapprigen Plastikmessern richtiges Essen zu zerteilen, schien ohnehin nicht mein Ding zu sein. Ein Plastikmesser hatte ich schon zerbrochen. „Mist, das ist das nächste", sagte ich und zog zwei Einzelteile aus der zähen Soße meines *Pies*. Auch unsere Vordermänner ärgerten sich gerade über die Terroristen dieser Erde und dass man während der über 20 Stunden in der Luft nicht mal richtig mit Messer und Gabel essen könne.

Ich entschied, ein wenig im Reiseführer zu stöbern. Während die Aborigines wohl bereits seit 40 bis 60.000 Jahren das Land bewohnten, waren Europäer erst viel später auf den südlichen Kontinent gestoßen, stand da. Man wisse, dass 1606 ein holländischer Seefahrer namens Willem Janszoon die heutige Kap-York-Halbinsel in Queensland erreichte und dass wenig später zum Beispiel der Spanier Luiz Vaéz de Torres die Meerenge zwischen Papua Neuguinea und Austra-

lien entdeckt hatte, die nach ihm benannt wurde. Doch die beiden
Seefahrer erkannten ebenso wenig wie Abel Tasman 1642, der als der
Entdecker der Insel Tasmanien gilt, dass sie den sagenumwobenen
Südkontinent gefunden hatten – die „Terra Australis Incognita", die
bis in die frühe Neuzeit auf vielen Weltkarten als „Gegengewicht" zu
den Landmassen auf der Nordhalbkugel verzeichnet ist. Erst 1770 entdeckte James Cook Australien schließlich „offiziell", als er in Botany
Bay im heutigen Sydney an Land ging und das Land zum Eigentum
der britischen Krone erklärte. Der Marineoffizier war damals 40 Jahre
alt und wurde für seine Navigationsfähigkeiten in ganz Großbritannien geschätzt. Sein Auftrag für die Reise war vor allem, auf Tahiti den
Durchgang der Venus durch die Sonne zu beobachten. Als er dabei
auf den sagenumwobenen Südkontinent stieß, den so viele Seefahrer vor ihm bereits gesucht hatten, bezeichnete er das Land frech als
„Terra Nullius" (Niemandsland), da die Ureinwohner, auf die er traf,
keine festen Behausungen hatten und er sie als Farbige nicht als Besitzer des Landes anerkannte.

Doch es sollte noch weitere 18 Jahre dauern, bis die Europäer den
Kontinent bevölkerten. Am frühen Morgen des 13. Mai 1787 setzte
die erste Flotte mit Seeleuten und Sträflingen in Großbritannien die
Segel und brach in ein unbekanntes Land auf. Elf kleine Holzboote
– das kleinste war wohl nur knapp unter 21 Meter lang – machten
sich von Portsmouth aus auf den Weg. Was mussten die Sträflinge
und Seeleute gefühlt haben, als sie sich auf einen unbekannten und
gefahrvollen Weg machten – ohne Familie und Freunde und in einer
Zeit, als die medizinische Versorgung noch mangelhaft war und die
Lebensmittelrationen karg. Wie stellten sie sich das Land vor, das am
anderen Ende der Welt lag und in dem nie zuvor Europäer gelebt
hatten?

Die Reise ging über Teneriffa bis nach Rio de Janeiro in Brasilien
und Kapstadt in Südafrika. Acht Monate und eine Woche waren die
1350 Menschen unterwegs, bis sie schließlich am 26. Januar 1788 in
Port Jackson ankamen. Den 26. Januar feiern die Australier heute
noch als Nationalfeiertag, während die Ureinwohner diesen „Australia Day" eher als Invasionstag bezeichnen. Die Fahrt dieser ersten
Flotte war bis dato die größte und erfolgreichste Schiffsreise von Aus-

wanderern. Keines der Boote ging unter, alle kamen im Zeitraum von drei Tagen an und insgesamt starben während der Reise nur 48 Menschen. Letzteres ist wenig, bedenkt man die Zeiten und vergleicht es mit späteren Reisen wie der zweiten Flotte zwei Jahre später, auf der 267 Menschen umkamen.

Ich las und las und sah die Boote deutlich vor meinen Augen. Wie der Wind in die Segel blies und das wilde Meer sich an ihrem Bug brach. Ich musste lächeln. Was für ein Gegensatz zu dem roten Nichts, das sich im Augenblick unter uns befand. Wir mussten wohl gerade relativ zentral sein, vielleicht sogar in der Nähe des Uluru. Ich lehnte mich wieder mit meinem Buch zurück in den Sitz und schloss die Augen.

Das sanfte Zittern des Flugzeugs katapultierte mich zurück in meine Träume auf die Schiffsplanken der ersten Flotte. Dabei glitt ich wohl auch in Wirklichkeit ins Land der Träume ab, denn als ich wieder zu mir kam, waren wir schon im Landeanflug auf Sydney. Vergeblich reckte ich meinen Hals, um Oper und Harbour Bridge zu sehen. Stattdessen sah ich eine Menge Wasser unter uns. „Ist da auch irgendwo eine Landebahn?", fragte ich Michael – der sich ebenfalls vorbeugte, um einen Blick nach draußen zu erhaschen. „Das wollen wir mal hoffen", meinte er trocken. Einige Minuten später setzten wir tatsächlich auf einer Landebahn auf und betraten wenig später australischen Boden. „Jetzt mache ich meinen Luftsprung, wie ich das zu Hause schon vorhergesagt habe", sagte Michael und hüpfte so hoch er nur konnte. „Muss das hier sein? Die Leute gucken schon." „Mir doch egal, hier kennt mich ja noch niemand. Gutes Gefühl, nicht wahr?" Ich schaute Michael überrascht an. Ja, das war tatsächlich ein interessanter Gedanke. So hatte ich das noch nicht betrachtet. Mein Gesicht hellte sich auf. Doch Michaels Vorfreude auf das neue Heimatland war verfrüht. So schnell sollten wir den Flughafen nicht verlassen. Lange Schlangen hatten sich vor den kleinen Zollhäuschen gebildet, wo Pass, Visum und ein kleiner Fragebogen vorgezeigt werden sollten. Leider hatten wir uns beim Aussteigen Zeit gelassen und mehrere Hundert Mit-Passagiere hatten wohl keinen Drang verspürt, ihre Blase zu leeren und Hände und Gesicht nach 30 Stunden unterwegs zu waschen. „Ach je", ich stöhnte. „Und das mit verdorbenem Magen." Geduldig warteten wir, bis sich die Schlange, die sich in geregelten Bahnen durch den Raum schlängelte, langsam abbaute. Doch das Flughafenerlebnis war noch lange nicht beendet.

Als wir unsere Koffer zwischen Schnüffelhunden vom Gepäckband wuchteten, standen wir erneut vor zwei Schlangen. Dieses Mal ging es um die Quarantäne, denn nach Australien darf man nicht nur keine Drogen, Waffen oder Produkte einführen, die den Artenschutz verletzen. Hier stehen auf der langen Verbotsliste auch unbehandelte Hölzer, Bananenprodukte oder frische Lebensmittel. Das wussten wir schon vom Containerpacken, als wir unsere Möbel auf die Reise geschickt hatten.

Australien hat Angst vor illegalen Einwanderern. Nicht nur vor menschlichen, für die es strenge Küstenpatrouillen und Auffanglager in entlegenen Gegenden gibt, sondern vor allem vor tierischen Eindringlingen und Krankheitserregern. Auf einem Kontinent mit etlichen endemischen Arten können unerwünschte Besucher eine Menge Ärger verursachen. Nicht umsonst hat die Regierung Queenslands Millionen australische Dollar in die Ausrottung der amerikanischen Feuerameise gesteckt, die sich über einen Frachter nach Brisbane eingeschlichen hatte. Dort hatte die Ameise große Schäden an Flora und Fauna angerichtet. Heute hat man das Problem mehr oder weniger unter Kontrolle.

Weniger Glück haben die Australier bisher mit den Agakröten, die sie 1935 gar mit Absicht aus Hawaii auf den Fünften Kontinent gebracht hatten. Sie sollten dem Zuckerrohrkäfer den Garaus machen, doch da der fliegen konnte und die Kröte nicht, war das wenig erfolgreich. Die Kröte war dafür umso erfolgreicher und breitete sich unkontrolliert aus. Da halfen weder neue australische Sportarten wie „Krötengolf" noch die folgende empfohlene Methode, sich der Kröte zu entledigen: Man lege sie in einer Plastiktüte in den Kühlschrank und verringere somit ihre Körpertemperatur, bis sie stirbt. Wie human dieses Lebensende ist, darüber lässt sich meiner Meinung nach streiten. Sie umzubringen ist aber definitiv keine einfache Sache. Die Resistenz der Kröte ist enorm. Eine dieser Artgenossen überlebte gar 45 Minuten im Magen eines Hundes, der sie im Ganzen verschluckt hatte. Die Notoperation, die den Hund vor dem potenten Gift der Kröte rettete, rettete wider Erwarten beide Betroffene.

Etwas gestresst schauten wir von einem Schild zum nächsten. Hatten wir etwas dabei, das gegen die australischen Einfuhrbestimmungen verstieß? Meinen letzten Apfel hatte ich bereits in einen der Mülleimer auf dem langen Weg vom Flugzeug zur Passkontrolle entsorgt. Da kam ein freundlich lächelnder Australier auf uns zu. Er warf einen Blick auf unseren kleinen Fragebogen.

„Was für Lebensmittel habt ihr dabei?"

„Schokolade aus Deutschland."

Er lachte.

„Hmh, die hätte ich auch gerne. Das ist kein Problem. Stellt euch hier an."

Schneller als gedacht waren wir auch durch die letzte aller Kontrollen durch und standen im gleißenden Licht der australischen Sonne.

Plötzlich fühlte ich mich verschwitzt und schmutzig. Die Übelkeit jedoch war wie durch ein Wunder verschwunden. Im Taxi, das wir nach einem weiteren geordneten Schlangestehen bestiegen, ließen wir uns zum Hotel in der Innenstadt kutschieren. Der Fahrer kam aus Nepal. „Wie exotisch", dachte ich erfreut. Noch nie hatte ich jemanden aus dem Himalaya-Staat kennengelernt. Redefreudig weihte uns der Taxifahrer in seine Familiengeschichte ein, wie er nach Australien gekommen war und sich dann aber über die Eltern doch eine Frau aus der Heimat vermitteln ließ. „Aber es funktioniert gut, obwohl wir uns nicht wie ihr Europäer kennengelernt haben. Wir haben uns nur einmal gesehen, bevor wir heirateten." Ich schluckte aufgrund dieses mir unvorstellbaren Hochzeitsszenarios. „Aber ich bin ein guter Ehemann", fuhr unser Fahrer fort, während er recht waghalsig die Spuren wechselte. „Ich lasse meine Frau hier in Australien studieren. Es macht mir nichts aus, wenn sie dann schlauer ist als ich." Eine fortschrittliche Denkweise, fand ich, und freute mich über den Einblick in andere Kulturen. Nach exakt 27 Minuten und allen Abkürzungen, die unser netter Nepalese angeblich kannte, kamen wir am Hotel an.

„Jetzt eine Dusche, einen Kaffee und auf zur Oper. Da muss ich heute noch hin", verkündete ich voll neu erwachtem Elan.

Eine halbe Stunde später gingen, nein rannten wir dann von unserem Apartment in Richtung Oper. Die Sonne stand inzwischen hoch am Himmel. Es war Ende Sommer und trotzdem stachen die Sonnenstrahlen wie kleine Stecknadeln. Ich spürte ein Kribbeln auf der Haut. Meine Sonnencreme lag noch tief im Koffer und meine vornehme Blässe rötete sich schon allein bei dem Gedanken an einen Sonnenbrand. Zwischen den Hochhäusern, die wie Bambussprossen scheinbar unkoordiniert aus dem Boden emporragten, schoben sich eine ganze Menge Menschen durch die Straßen. Trotz der schwülheißen Temperaturen waren die meisten elegant gekleidet – dunkles Kostüm die Damen, dunkler Anzug die Herren. Dazwischen tummelten sich Touristen aus aller Herren Länder – Asiaten mit großem Sonnenhut und Kamera, Amerikaner in grellbunten Klamotten und Landsleute in Birkenstocksandalen. Der Geräuschpegel war immens.

Als wir schließlich vor der Oper standen, sickerte es langsam durch – das Gefühl, in Australien zu sein: 20.000 Kilometer von München entfernt, wo wir in den vergangenen Jahren Brezen und Weißbier, den Ausflügen nach Possenhofen zum Sissischloss, dem Skifahren mit Lumumba auf der Alm und nicht zuletzt unseren Linguine al Pesto im „Grissini" gefrönt hatten. Ob wir hier unter der heißen Sonne Australiens eine neue Heimat finden würden? Viele Gedanken schossen mir durch den Kopf. Erinnerungen an daheim, an Freunde und Familie und Vorfreude auf all das Neue. Michael und ich fassten uns an der Hand. Ohne ein Wort zu sagen, sprinteten wir im Wettlauf die Treppen zur Oper hinauf und rannten uns Wehmut und Anspannung von der Seele.

Kapitel III

Alltag kehrt ein

Kaum zwei Stunden später setzte der Jetlag ein. Meine Augen wurden schwer wie Blei und ich fühlte einen wohligen Zustand der Erschöpfung. Und das ist die Sache mit diesem Jetlag: Einerseits habe ich noch nie so tief und ruhig geschlafen. Alles andere scheint vergessen, wenn er einsetzt. Die Augen könnten selbst mit den berühmten Streichhölzern nicht mehr offen gehalten werden. Ich versinke in einen tiefen und wie es mir scheint traumlosen Schlaf, nichts kann mich wach kriegen. Andererseits führt der tiefe Schlaf leider zu Problemen. Schließlich gibt es ja Verabredungen, Termine und Deadlines. Und die acht bis zehn Stunden Unterschied zu Deutschland – je nach Winter- oder Sommerzeit – sind ein echter Killer für den Organismus. An dem berühmten 24-Stunden-Rhythmus des menschlichen Körpers scheint tatsächlich etwas dran zu sein. Auch dieses Mal geriet mein Körper ziemlich in Aufruhr, nur weil mich ein Flugzeug in kürzester Zeit (na ja, wenn man 24 Stunden einen kurzen Flug nennen mag) ans andere Ende der Welt gebracht hatte.

Als mich zwei Stunden in meinen Schlaf hinein das schrille Klingeln des Telefons aus dem Tiefschlaf riss, war ich wie im Delirium. „Ja, wer ist dran? Oh yes, sorry. Yes, I speak English. Yes, you can put her through." Die Rezeptionistin unseres Hotels verabschiedete sich und meine beste Freundin war am Apparat. „Seid ihr gut angekommen? Du hast dich ja noch nicht gemeldet!" Ich versuchte ihr zu erklären, dass wir uns gerade hingelegt hätten, doch sie verstand mich nicht oder wollte mich nicht verstehen. Plötzlich blöffte sie mich an: „Bist du betrunken?" Ich musste grinsen. Ich fühlte mich beinahe so. Nachdem ich ihr versprach, sie morgen für ein längeres Gespräch anzurufen, beendeten wir das Telefonat zügig und ich sank zufrieden zurück in mein flauschiges Kissen. 30 Sekunden später war ich schon wieder im Tiefschlaf.

„Du hast es doch ziemlich gut", erinnerte mich Michael, als ich mich am nächsten Morgen über meinen noch immer erschöpften Körper beschwerte. „Du hast keine wirklichen Termine." Ich hatte unbezahlten Urlaub bei meiner deutschen Firma genommen, während Michael pünktlich um acht Uhr am Montagmorgen bei seinem Arbeitgeber auf der Matte stehen musste. Und bei Arbeitsterminen galt das normalerweise entspannte *Cum Tempore* der Australier natürlich nicht. Das erste Weckerklingeln kam dann auch wie ein Schock für ihn, doch ganz gemäß des deutschen Pflichtbewusstseins, quälte er sich am Montagmorgen Punkt 6:30 Uhr aus dem Bett. Nicht ohne gebührend zu stöhnen, versteht sich. „Dass die Australier so früh anfangen zu arbeiten, hätte ich nicht gedacht", grummelte er vor sich hin. *Work hard, play hard* ist eine Devise des Völkchens hier am anderen Ende der Welt. Wer früh aufsteht und arbeitet, kann früher aufhören und surfen gehen oder hat noch Zeit für die Familie. Darüber dachte Michael in dem Augenblick aber nicht nach. Mit müden Augen kam er aus der Dusche und zog einen grauen Anzug und ein blaues Hemd an. Die Krawatte steckte er in die Jackentasche. „Das muss auch so reichen, meinst du nicht? Schließlich hat es draußen 35 Grad, da werde ich mit Anzug ohnehin eingehen." „Aber im Büro gibt es ja eine Klimaanlage, da wirst du eher frieren", gab ich zu bedenken. Den Fakt, dass er die Krawatte nur mitnahm, ignorierte ich geflissentlich. Ich wusste, wie sehr er das „Office Verkleiden" hasste und wie er die lockere Kleiderordnung in München geliebt hatte. Aber man kann nicht alles haben.

Nachdem sich Michael nach einem schnellen Frühstück auf den Weg gemacht hatte, war es an mir, unser Leben zu managen. Ich setzte mich an unseren kleinen Frühstückstisch im Hotel und schrieb eine erste Liste, die schnell länger und länger zu werden schien. Wir mussten unser Leben von Null an beginnen: eine Wohnung suchen (vorübergehend hatten wir ein möbliertes Hotel-Apartment gemietet) und unsere Möbel aus dem Zoll auslösen, die im Moment allerdings noch im Container über die Meere schipperten. Danach brauchten wir Strom, eventuell Gas, Telefon und Handy, eine Hausrat- und Haftpflichtversicherung (eine Krankenversicherung hatten wir schon über Michaels Arbeitgeber), eine Steuernummer ... und wir mussten uns beim Einwohnermeldeamt einschreiben.

Ich wälzte also Zeitungsannoncen, schaute Stadtteile an und rannte von Energy Australia über Telstra (der australischen Telekom) bis zum Tax Office – dem Finanzamt. Das meiste erledigte sich erstaunlich schnell, doch wo ich auch suchte und fragte, ich konnte das Einwohnermeldeamt nicht finden. Das war mir als Journalistin wahrlich noch nie passiert. Ich konnte eine öffentliche Einrichtung nicht ausfindig machen. Weder die lokale Gemeinde im Stadtteil wollte unsere Adresse aufnehmen, noch die Ausländerbehörde, die ich ebenfalls pflichtbewusst besuchte. Überall reihte ich mich brav in lange Schlangen ein und lief mir auf den langen Wegen die Hacken wund. Dieses Schlangestehen mussten die Australier wohl aus ihrer britischen Vergangenheit übernommen haben. Ich fragte erste Bekannte nach dieser verflixten Behörde, bei der man seinen Namen und seine Adresse hinterlegte. Michael erkundigte sich bei seinen Bürokollegen. Doch keiner konnte uns weiterhelfen. Schließlich rief ich die deutsche Botschaft an und fragte, ob wir uns dort melden sollten. Die Dame am Telefon hatte ein Lächeln in der Stimme – ich war wohl nicht die erste mit dem Drang, sich irgendwo melden zu wollen. „Nein, nein, hier in Australien gibt es kein Einwohnermeldeamt und bei uns brauchen Sie sich auch nicht anzumelden. Sie sind ja nun nicht mehr in Deutschland." Kurzzeitig fühlte ich mich ungewollt. Die Deutschen wollten nichts mehr von uns wissen – wir hatten ihr Land ja verlassen, aber die Australier interessierten sich auch nicht für uns. Zumindest nicht so lange wir ein gültiges Visum hatten und legal im Land waren. Dass Letzteres eine ernst zu nehmende Sache war, verstand ich schnell, als ich die lokalen Zeitungsnachrichten verfolgte. Denn Menschen ohne Visum – das ist eine Spezies, mit der die Australier nicht gerade zimperlich umgehen. Flüchtlinge, die per Boot anlanden, Touristen oder Visumsinhaber, die ihr Visum überziehen, sie alle werden erbarmungslos gejagt und in sogenannten Detention Centres untergebracht. Dort schmachten sie oft jahrelang, bis ihr persönlicher Fall endlich mal beachtet und vor allem bearbeitet wird. Die Presse hat die Umstände mehr oder weniger akzeptiert. Selten wird über die armen Menschen berichtet, die wie Gefängnisinsassen – nur ohne wirkliches Verbrechen – irgendwo in den einsam gelegenen Lagern auf Christmas Island, im Outback, auf der Pazifikinsel Nauru oder in Papua-Neuginea hinter hohen Stacheldrahtzäunen und vom Rest der Bevölkerung abgeschottet leben. In die Zeitungen schaffen es nur Horrormeldungen über gekenterte Flüchtlingsboote oder Selbstmorde der armen Seelen, die erkennen, dass sie es in Australien keinen Deut besser oder sogar schlechter als zu Hause haben und weder vor noch zurück können. Doch unser Visum war gültig – Michaels Arbeitgeber sei Dank, der das Thema in wenigen Wochen erledigt hatte. Offizielle Stellen können hier in Australien eine Menge erreichen. Hätten wir uns selbst um das Visum bemüht, hätte es mit der Bewilligung durchaus auch länger als ein Jahr dauern können.

Zwei volle Tage hatte ich mit meiner Suche nach dem Einwohnermeldeamt vertan – doch meine unnütze Sucherei hatte noch lange kein Ende. Als ich mich auf die Suche nach Versicherungen begab, erlebte ich die nächste Überraschung. Es gab zwar eine Hausratversicherung (die aber außer uns kaum ein Australier abzuschließen schien), jedoch keinerlei private Haftpflicht. Während ich mich noch sorgte, was passieren würde, wenn ich die wertvolle Vase aus der Ming Dynastie im Haus eines Freundes zerstören würde, erklärte mir der freundliche Versicherungsberater am Telefon, dass das dann die Hausratversicherung des Freundes übernehmen würde – wenn er denn eine hätte.

Schließlich hatte ich mich fast eine Woche mit Bürokratie beschäftigt, anstatt am Bondi Beach zu liegen und an meinem Teint zu arbeiten oder zumindest einige Sehenswürdigkeiten abzuklappern. Während eines Australienurlaubes vor einigen Monaten (der uns die Idee mit dem Auslandsaufenthalt in den Kopf gesetzt hatte) hatte ich außer der Oper und der Harbour Bridge nicht allzu viel gesehen. Doch schon damals war ich fasziniert gewesen. Auf den Straßen herrschte ein buntes Gemisch an Hautfarben, japanischen Sushibars und europäischen Coffeeshops – ein buntes Potpourri an Kulturen und Menschen. Nur noch wenige historische Häuser im Stadtteil The Rocks erinnerten an die ehemalige Strafkolonie des britischen Imperiums. Sydney war eine moderne, viereinhalb Millionen Stadt mit glitzernden Hochhausfronten, die bis in den Himmel zu reichen schienen. Eines der wenigen historischen Überbleibsel waren die nostalgisch anmutenden Fähren. Diese entwickelten sich ziemlich schnell zu meinem absoluten Lieblings-Verkehrsmittel. Majestätisch glitten sie vom Circular Quay zwischen Opernhaus und Harbour Bridge hindurch und brachten mich zum hippen Badevorort Manly, zum weltberühmten Taronga Zoo, zu der schroffen Klippenlandschaft der Watson Bay oder den schicken Vororten Rose Bay und Mosman. Wie im Film „Titanic" stand ich so weit vorne am Bug wie nur möglich und ließ mir den Wind und die Gischt durch die Haare wehen. Auf meiner Route nach Cremorne Point – einer kleinen Halbinsel gegenüber der Oper – traf ich bald jeden Morgen wieder die gleichen Gesichter. Bald schon hatten Michael und ich uns die kleine Halbinsel als unseren Lieblingsort auserkoren. Hier wollten wir wohnen und so besichtigte ich Wohnung um Wohnung. Doch das, was wir uns leisten konnten, war meist winzig und manchmal in fürchterlichem Zustand: Schimmlige Wände, Löcher in der Decke, Kakerlaken und nasse Flekken begrüßten mich an vielen Ecken – nicht einmal der unübertreffliche Blick der meisten Apartments auf das Meer und die Oper konnten mich da überzeugen.

Auf meinen Fahrten nach Cremorne Point hatte ich auch den Fährmann Harry kennengelernt. Harry war vielleicht 25 Jahre alt, hatte strohblondes Haar, das ihm wild vom Kopf abstand, und sein Lachen erinnerte mich an Hardy Krüger. Sein blauer Overall hing ihm lässig vom Körper und er roch nach Öl und Salzwasser. Harry war an Bord der Fähre für die Schiffsmaschinen zuständig und verbrachte die meiste Zeit unter Deck. Bei unserer ersten Begegnung war er zunächst besorgt gewesen, dass ich mich selbstmörderisch über Bord stürzen wollte, da ich immer ganz am Rand mit dem Gesicht im Wind gestanden hatte. So kamen wir ins Gespräch und bald wurde der kleine Tratsch mit ihm zum Ritual während der Fährfahrt. Harry erwies sich nicht nur als netter Gesprächspartner, er war auch sehr hilfsbereit. Als ich einmal von einem der sturzbachartigen Regenschauer Sydneys erwischt wurde, lieh er mir seinen Regenschirm ohne darüber nachzudenken, dass er selbst vielleicht patschnass werden könne, da seine Schicht zu Ende war. Und jedes Mal, wenn ich wieder in letzter

Sekunde auf den Fähranleger sprintete, rückte er mir nochmal den schmalen Steg zurecht, der vom Anleger zum Boot reicht, grinste und sagte: „No worries."

Als Michael und ich ihm den Grund für unsere ständigen Fahrten mit der Fähre nach Cremorne Point nannten, hielt er sofort für uns mit Ausschau nach den besten Wohnungen. Er hob für uns den Mosman Daily auf – die lokale Tageszeitung – und hatte darin schon umkreist, was er für gut befand. Doch bis wir schließlich die richtige kleine Wohnung finden sollten, dauerte es noch eine ganze Weile.

Die Innenstadt selbst erkundete ich trotz der Größe der gesamten Stadt gemütlich zu Fuß. Um ganz Sydney, also auch die Außenbezirke zu sehen, kann man locker zwei Stunden von einem Ende zum anderen unterwegs sein. Einer meiner Streifzüge führte mich durch das alte historische Viertel. The Rocks waren die erste städtische Ansiedlung Australiens und damit der Ursprung der Kolonisierung. Wenn ich nicht allzu genau schaute und Straßenschilder und andere Zeichen der Moderne ausblendete, dann konnte ich mich einfach in die Zeit dieser ersten Siedler zurückversetzen. Hafenarbeiter mussten damals schwere Karren über das holprige Kopfsteinpflaster gezogen haben. Junge Mädchen waren mit dem fertigen Essen der Mutter zur Bäckerei unterwegs, um es dort im Ofen zu braten, da die meisten Häuser keinen eigenen Ofen hatten. Die Siedler hatten es schwer, doch ihr Leben schien luxuriös im Vergleich zu dem der Sträflinge, die per Boot aus Großbritannien ankamen und von der monatelangen Seefahrt ausgezehrt und geschwächt waren. Sie wurden sofort zu harter Arbeit verpflichtet. Die neue Kolonie brauchte Häuser und Straßen, Lebensmittel mussten produziert und eine Stadt aufgebaut werden. Wer nicht spurte, für den gab es Fußfesseln und eine neunschwänzige Katze - eine Peitsche mit der die Sträflinge bei Vergehen bestraft wurden. Die Essensrationen waren knapp zugeteilt und 30 Mann schliefen in Hängematten zusammengepfercht in einem Raum. Der Gestank muss betäubend gewesen sein. Um acht Uhr abends läutete für die Sträflinge die Glocke zur Nachtruhe und eine halbe Stunde später wurden die Lichter gelöscht.

Bis Mitte des 19. Jahrhunderts kamen nur wenige Frauen nach Australien und als 1848 und 1850 über 4.000 irische Frauen, meist verwaiste Teenager, wegen der schlimmen Hungersnöte im heimischen Land nach Down Under kamen, lagen ihnen die Männer geradezu zu Füßen. Jede bekam gleich mehrere Heiratsanträge und wurde mit Liebesbekundungen überhäuft. Die Rocks waren einst von den ersten britischen Sträflingen erbaut worden. Sie waren vornehmlich Lager- und Verwaltungshäuser. Heute dagegen schmiegten sich etliche nette kleine Passagen, Souvenirläden, Restaurants, Kneipen und Cafés in die Gassen und einstigen Lagerhäuser. Ich liebte die Atmosphäre in dem alten Viertel sofort, fand den krassen Gegensatz zu den Stahl- und Glasbauten der Innenstadt elektrisierend.

Meinen Tag startete ich in einem winzigen Café unter der Harbour Bridge. Conni servierte mir dort jeden Tag meinen Latte, die australische Variante des Milchkaffee mit extra viel Milch und wenig Kaffee und ein *Ham and Cheese Sandwich*. Jeden Tag hatten wir einen kleinen Tratsch und bald wusste sie, was mich nach Sydney verschlagen hatte und ich wusste alles über sie und ihre Familie. Conni stammte wie viele Australier nicht wirklich aus Australien. Sie war in Griechenland geboren und mit ihren Eltern als Kleinkind hierher gekommen. Später hatte sie jedoch wieder einen griechisch stämmigen Mann geheiratet. Ihre drei Kinder halfen mit, sobald sie aus der Schule oder Uni kamen. Es war ein lautes und fröhliches Miteinander und auch wenn mein Latte und mein Sandwich jeden Tag ein wenig anders schmeckten – wie sie das schaffte, blieb mir ein Rätsel – war es doch der perfekte Start in den Tag. Sie begrüßte mich mit „Guten Tag" und ich sie mit „Kali Mera". Was ich bestellen wollte und wie ich hieß, das wusste sie vom zweiten Tag an und der Rest der Familie ebenso. Von Connis Frühstück gestärkt, erforschte ich jeden Tag meine neue Umgebung oder startete zu meinen Behördengängen.

Und dann wollte ich auch wieder arbeiten: Filme drehen und Artikel schreiben. Und so fing ich an, mich nach Kameraleuten umzuhören und zudem nach einem ersten Job in einem Büro in der Stadt zu suchen, um sowohl meine Kontakte nach Deutschland nicht abreißen zu lassen als auch erste hier zu schaffen.

Kapitel IV

Die schwierige Suche nach einer Behausung

Zwei Wochen waren vergangen und viel hatten wir bislang nicht erreicht. Weder das Einwohnermeldeamt gefunden noch eine Wohnung. Meine Freundin Helen, eine Engländerin, die wir während unseres Urlaubs wenige Monate zuvor am Uluru kennengelernt hatten, nahm uns schließlich unter ihre Fittiche. Sie breitete einen Stadtplan vor mir aus und half mir, die Wohnungen aus den Annoncen auf dem Plan einzuzeichnen. „So weißt du, wo was ist und wie weit es von Geschäften, Fähren und ähnlichem entfernt ist. Du schaust dir nur an, was für euch in Frage kommt. Ok?" Ich nickte. „Also: Ihr wollt im Norden wohnen." Halt, ich hatte ihr doch noch gar nichts von unserer neu entflammten Liebe für Cremorne Point erzählt. Ihr letzter Stand der Dinge war, dass wir uns während unseres Urlaubs in Glebe verguckt hatten. Die studentische Atmosphäre, die vielen Cafés und viktorianischen Häuser hatten uns verzaubert. Doch je öfter ich mit der Fähre auf die Nordseite gefahren war, an blühenden Jacarandabäumen mit ihren blasslila Kelchen, Palmen, Bananenstauden, Farnbäumen und Strelizien vorbeiwanderte, desto mehr wollte ich etwas weiter weg von der Stadt wohnen. Cremorne Point war eine der bezauberndsten Halbinseln. Ein schmaler Wanderweg führte an den eng beieinanderliegenden Wohnungen und Häusern vorbei und ein kleiner Swimmingpool lud gratis zum „Hai-sicheren" Baden mit Blick auf die Oper ein. Doch woher wusste Helen das? Konnte sie Gedanken lesen?

Helen fuhr jedoch ziemlich ungerührt fort. „Also, Glebe und Newtown streicht ihr gleich mal wieder von eurer Liste. Das ist was für Studenten und ihr seid dafür schon viel zu alt." Mir fiel das Gesicht runter. Helen musste lachen. „Außerdem wird dort andauernd eingebrochen. Selbst bei uns in Cremorne ist schon einmal eingebrochen worden, als ich einkaufen war." Helen schüttelte sich ihre roten Haare aus den Augen. „Sie nehmen nur Kamera, Laptop und sowas mit, aber trotzdem. Der Gedanke, dass jemand in meinem Haus war, war scheußlich, und in Glebe hast du das dauernd." Ich war überzeugt und vergaß beinahe ihr mitzuteilen, dass wir uns gemäß unseres fortgeschrittenen Alters ohnehin in Cremorne Point verliebt hatten. Als ich den Stadtteil schließlich erwähnte, schien sie beruhigt zu sein. „Gut, dann ist das geklärt. Jetzt lass uns das Richtige für euch finden." Doch das war einfacher gesagt als getan.

Als wir ankamen, war der Mietmarkt für Sydney-Verhältnisse zwar relativ entspannt, doch die Preise schienen uns im Vergleich zum ohnehin schon teuren München horrend. Woche um Woche wälzten Michael und ich die Zeitungen, telefonierten mit Maklern und besichtigten mittwochs und samstags die Wohnungen. Helen beriet uns so viel sie konnte und auch Harry, unser Freund von der Fähre, war uns eine große Hilfe. Welche Wohnung war die beste für uns? Die Annoncen versprachen oft viel und hielten wenig, auch wenn wir schnell lernten sie richtig zu lesen. Ein *two-bedroom* war im Normalfall eine Dreizimmerwohnung, *built-ins* bedeutete, dass Schränke vorhanden waren.

Erstaunt war ich nach den ersten Besichtigungen, dass Lampen, Vorhänge, Küche, Schränke und meist auch Bildaufhänger bereits in den Wohnungen waren. Neue Nägel einzuschlagen war normalerweise nicht erlaubt und musste extra genehmigt werden. Die Ausstattung der Wohnungen war meist gut, doch mit der Auswahl taten wir uns schwer. Das eine Apartment war zu klein, das andere zu verfallen, das nächste zu teuer. In einer Wohnung begrüßte uns nicht nur ein feuchter, abgestandener Geruch, sondern auch eine Spur an toten Kakerlaken auf dem Fußboden und eine Ansammlung an Spinnennetzen am Fenster. Bisher war ich nur die harmlosen Orbweaver gewöhnt, die in sicherer Höhe über unseren Köpfen zwischen Bäumen und Stromleitungen ihre Netze spannen. Doch mitten in der Wohnung … „Das ist ein gutes Zeichen", war der Makler schnell dabei zu erklären. „Wenn Gartenspinnen hier sind, dann sind bestimmt keine Redbacks oder Funnelwebs hier." Ich schaute ihn zweifelnd an. Was hatte das eine mit dem anderen zu tun? Wahrscheinlich wusste der gute Mann, dass die meisten Ausländer panische Angst vor den zwei gefährlichsten Giftspinnen im Land hatten. Die Redback oder auf Deutsch Rotrückenspinne ist eine winzige Spinne mit einem roten

Fleck am Körper. Sie ist durchaus mit Vorsicht zu genießen und ein Biss kann selbst einen Erwachsenen ganz schön krank machen. Überhaupt nicht zu spaßen ist mit der Funnelweb, der Trichternetzspinne. Diese ist tatsächlich die giftigste Spinne der Welt und wohnt nur in und um Sydney. Sie ist auch relativ klein – nichts gegen die handtellergroße, dafür aber harmlose Huntsman-Spinne. Doch ihr Biss kann einen ohne Gegengift in wenigen Stunden töten.

Bei mir als Journalistin hatte diese sensationelle Nachricht eher Freude als Schrecken ausgelöst. Eine spannende Geschichte, über die nur wenige bisher in Deutschland gehört hatten. Tatsächlich sollte ich wenig später einen Dreh für einen deutschen Fernsehsender im Australian Reptile Park organisieren, bei dem wir ein Labor vorstellten, in dem hunderte der Spinnen für ihr Gift gemolken werden. Die Tiere werden dabei in einer fiddeligen Prozedur mit einer Pinzette gereizt, so dass sie Gift aus ihren Fangzähnen ausscheiden. Diese winzigen, kaum sichtbaren Tröpfchen werden dann mit einer Pipette aufgesaugt und in kleinen Fläschchen aufbewahrt. Ein weiteres Labor in Melbourne wandelt das Gift schließlich in Gegengift um, spritzt es zum Beispiel Pferden, deren Körper dann die Antikörper bilden, die sich die Wissenschaftler schließlich für das Gegengift zunutze machen. Ich fand das Thema faszinierend. Zu einem Zeitpunkt bewahrte ich sogar eine Funnelweb in unserer Wohnung auf, um sie ausführlich zu studieren. Nach viel Überzeugungsarbeit hatte ich sie mir von der Spinnenexpertin des Reptile Parks ausgeliehen. Michael hatte täglich Alpträume, dass die Spinne entkommen könnte, doch ich machte mir mehr Sorgen darum, dass das gute Tier auch ausreichend aß, genug Wasser hatte und nicht zu einsam war. Michael schüttelte den Kopf, wenn er mich jeden Morgen mit der Spinne sah und sagte: „Du erstaunst mich immer wieder. Ich bin froh, wenn die Spinne zurück im Reptile Park ist. Ich habe genug von ihr gesehen."

Keine Spinnen- und Kakerlakenplage, aber eine triefende Felswand erwartete uns im nächsten Apartment, das wir besichtigten. Ich konnte den angeblichen „Gemütlichkeitsfaktor" der Felswand, den der Makler uns verkaufen wollte, nicht wirklich sehen, und so zogen wir wieder einmal weiter. Nach rund 20 Besichtigungen stießen wir auf eine kleine, sehr freundliche Wohnung mit Blick auf die idyllische Bucht in Mosman. Ein kleiner Erker bot eine zusätzliche Sitzgelegenheit und die Wohnung war in einem recht guten Zustand. Doch sie war leider auch winzig und als Michael den Zollstock zückte, merkten wir, dass wir weder Sofa noch Bett noch Waschmaschine unterbringen würden. Die Enttäuschung stand uns wohl ins Gesicht geschrieben, denn der Makler versuchte sofort, Alternativen für uns zu überlegen. Geschäftig strich er sich die gegelten Haare aus der Stirn. „Have you had a look at the apartment in Wulworra Avenue?" Habt ihr das Apartment in der Wulworra Avenue schon angeschaut? Ich winkte ab, sagte, es sei zu teuer und wir wollten nichts anschauen, mit dem wir uns übernehmen würden. Aber vielleicht sei der Preis verhandelbar, meinte der Makler und nickte so wild, dass ihm eine der gegelten Strähnen wieder ins Gesicht rutschte. Ungeduldig strich er sie wieder nach hinten. Die Wohnung stünde seit sechs Monaten leer, sie sei ein wenig renovierungsbedürftig, aber geräumig und hell und hätte den besten Blick Sydneys. Michael und ich schauten uns an: Warum eigentlich nicht? Wir fuhren mit dem Makler mit.

Das Haus war 100 Jahre alt und strotzte geradezu vor Charme. Ein kleines Türmchen kündigte es schon von der Ferne aus an. Es hatte drei Stockwerke mit jeweils vier Wohnungen. Alle Wohnungen hatten große Panoramafenster und breite Simse – aber leider keine Balkone. Nummer 8 Wulworra Avenue hatte einen direkten Blick auf die Oper und war genau über dem Fähranleger gelegen. Während Michael noch kritisch die alten Holzbalken im Foyer anschaute, war es für mich Liebe auf den ersten Blick. Hier wollte ich wohnen! Ein alter Aufzug mit Gittertür brachte uns quietschend in den dritten Stock und da war es – unser Apartment. Groß, hell, mit hohen Decken und großen runden Lampen, die maritimen Flair versprühten. Davon war auch Michael sofort in den Bann genommen. Dass die Küche uralt, der Schrank Löcher in den Wänden, der Ofen ein verkohlter Fleck und der Teppich mehr schwarz als weiß war, ignorierten wir. Hier wollten wir wohnen, wenn das Budget es bloß hergab.

Die kommenden Tage zitterten wir. Wir hatten eine sogenannte *Application* ausgefüllt, mit unserem Maximal-Betrag bestückt, den wir zahlen konnten. Und drei Tage später kam tatsächlich eine Antwort: Wir könnten einziehen. Der Makler hätte den Eigentümer erreicht, der gerade im Ausland lebe, und sein O.K. bekommen. Michael und ich waren überglücklich. Es sollte alles so sein – unsere Möbel waren ebenfalls tags zuvor in Sydney eingetroffen und warteten nur noch auf ihre Zoll- und Quarantäneprüfung.

Ich erwartete keine Probleme. Wir hatten sämtliche Flusen aus der Waschmaschine gezerrt, Räder und Schuhe penibelst von Erdresten und Staub befreit, sämtliches unbehandeltes Holz aussortiert. Meinen Regenmacher aus Brasilien hatte ich zurückgelassen, ebenso meine hölzernen Kochlöffel und unsere Muschelandenken von unserer Hochzeitsreise auf den Seychellen. Und deutscher Gründlichkeit sei Dank – der australische Zoll fand tatsächlich nichts zu beanstanden: Unser Hab und Gut durfte ins Land.

Zwei Tage später waren wir stolze Besitzer eines Wohnungsschlüssels und am Abend vor dem Umzug schlichen Michael und ich uns nach seiner Arbeit schon mal heimlich, still und leise in unsere neue Behausung. Doch als wir die Tür aufsperrten, erlebten wir den ersten Schreck. Der Makler hatte es gut mit uns gemeint und den Teppich reinigen lassen – der es auch dringend nötig gehabt hatte. Doch der Teppichreiniger war wohl eben erst da gewesen. So konnte man keinen Fuß in die Wohnung setzen – der gesamte Boden war pitschenass. Und morgen sollten unsere Möbel kommen. Geschockt marschierte ich barfuss in die Wohnung und platschte dabei wie am Strand im Wasser. „Immerhin ist es jetzt sauber", versuchte Michael zu scherzen, doch eigentlich war auch ihm nicht nach Scherzen zumute. Auf diesen Boden könnten wir niemals unsere Möbel stellen. Während wir hin und her überlegten, was die Lösung sein könnte, klingelte Michaels Telefon. Ich hörte zunächst kaum hin, doch als er die Worte „Umzug verschieben" wiederholte, wurde ich schlagartig hellhörig. „Ja, wenn's nicht anders geht. Ok, dann verschieben wir den Umzug um einen Tag. Ja, kein Problem." Michael legte auf und schaute mich triumphierend an. „Der Zoll hat ein bürokratisches Problem, wir kriegen die Möbel erst übermorgen. Das trifft sich ja mal gut." Ich atmete auf. „Das löst das Problem. Dann lass uns mal alle Fenster und Türen aufmachen, damit dieser Teich hier trocknen kann."

Wenig später saßen wir an unserem neuen Fenster und blickten auf die Lichter der Stadt. Die Oper und die Harbour Bridge stachen selbst im Dunkeln noch hervor. Auch am Abend war der Hafen voller Leben. Fähren legten vom Circular Quay ab, Wassertaxis und Twilight Segler kreuzten umher. Vor unserem Fenster flog kreischend ein Flughund vorbei. Ich schaute Michael an, dessen Gesicht vor Glück strahlte. Da war jemand im wahrsten Sinne des Wortes angekommen. Ich selbst fühlte mich nach wie vor mehr wie in einem Traum. Die vielen Termine, die bürokratischen Details – all das hatte mich noch nicht richtig ankommen lassen. Ich beschloss, es nach dem Umzug ein wenig ruhiger angehen zu lassen.

Kapitel V

Das liebe Getier

In Deutschland war ich bei weitem nicht so tieraffin wie hier in Australien. Neben meiner Giftspinne im Glas freundeten wir uns während unserer abendlichen Spaziergänge mit den Possums in Cremorne Point an. Wir brachten ihnen braune Bananen, die ansonsten vielleicht im Müll gelandet wären, und beobachteten, wie die niedlichen Beutler mit ihren langen Schwänzen geschickt von Ast zu Ast sprangen. „Die sind nochmal besser als unsere Eichhörnchen", freute sich Michael über die ziemlich frechen Gesellen, die ihm furchtlos die Bananenstücke aus den Fingern klauten.

Und bald kamen zu unserer Possumtruppe noch zwei Rainbow Lorikeets dazu, deren grüne Flügel ständig in Bewegung zu sein schienen. Sie hatten einen rot-orangen Hals und einen blauen Kopf – so etwas Buntes hatte ich noch nie zuvor gesehen. Diese kleinen, wendigen Papageien bevölkern die blühenden Büsche in Sydney in Scharen. Sie sind ein wenig größer als Wellensittiche und ausgesprochen gesellige Tierchen. Zwei dieser treuen Vögel besuchten uns nun jeden Tag am offenen Fenster unseres neuen Apartments. Bald schon legte ich Brotkrummen und Zuckerwasser für sie bereit und benannte sie nach unseren Lieblings-Antihelden Buffy und Spike aus der Serie „Buffy".
Nach den beiden konnte ich bald jeden Morgen die Uhr stellen. Pünktlich um neun Uhr klopften ihre kleinen Schnäbel ans Fenster und forderten ihre tägliche Essensration ein. Sie wurden immer waghalsiger und Buffy kam bald schon in die Wohnung geflattert und drehte eine Runde im Wohnzimmer, bevor sie sich wieder zu ihrem vorsichtigeren Männchen an den Fenstersims gesellte.
Monat um Monat verging, die Vögel wurden immer zutraulicher und ich wartete jeden Morgen schon ungeduldig auf ihre Ankunft. Doch eines Tages sollte ich es kräftig bereuen, dass ich Buffy stets ihren Willen und in der Wohnung hatte herum fliegen lassen. Ich telefonierte gerade mit meiner Freundin in München und war etwas

abgelenkt, als Buffy sich wieder einmal selbstständig den Weg durch das geöffnete Wohnzimmerfenster bahnte. Animiert von meinem deutschen Wortschwall am Telefon begann sie plötzlich wie wild zu flattern, landete auf dem Fernseher und flog dann pfeilschnell durch das Fenster wieder hinaus. Was für eine Aktion! Verwundert unterbrach ich mein Gespräch und schaute zum Fernseher. Ich traute meinen Augen nicht, es tropfte und triefte von allen Seiten – Buffy hatte sich verewigt. Nicht mit einem kleinen Pups, sondern mit einer riesigen, sehr flüssigen Ladung, die gerade langsam, aber unaufhaltsam in alle Ritzen des TV-Gerätes floss. Ich schrie vor Ärger auf, warf in Panik den Hörer zur Seite und rannte in die Küche, um eine Rolle Küchentücher zu holen, die das Schlimmste stoppen sollten. Doch das Malheur war geschehen. Als ich nach dem Putzen den Fernseher testen wollte, rührte sich kein Lämpchen mehr – damit war das Hochzeitsgeschenk meiner Eltern hinüber. Und Buffy saß schon wieder fröhlich pfeifend in der Palme vor unserem Haus und blickte – wie es mir schien – triumphierend zu mir herüber. Das passiert, wenn du mir keine Aufmerksamkeit schenkst, schien mir ihr Blick zu sagen. Ich schäumte vor Wut und schwor mir, Buffy von nun an besser im Griff zu haben.

Alles in allem hatten wir jedoch noch Glück im Unglück. In den kommenden Tagen muss die Soße in unserem Fernseher getrocknet sein, denn zwei Tage später ging das Gerät plötzlich wieder, als ich es gedankenverloren einschaltete, um die Nachrichten zu sehen.

Dies war meine erste etwas unangenehmere Begegnung mit dem *Australian Wildlife*. Eigentlich hatte ich gewusst, dass nicht nur Spinnen, Schlangen, Quallen, Haie und Krokodile Ärger stiften konnten. Selbst harmlos aussehende Muscheln können in Australien noch tödliche Giftharpunen auswerfen. Doch dass auch Vögel, Koalas und Kängurus mit Vorsicht zu genießen sind, wollte ich zunächst nicht wahrhaben. Zu oft hatten Freunde versucht, sich ihren Spaß mit mir zu machen. Zwei Kollegen von Michael hatten mich lang und ausführlich über die bösartigen *Drop Bears* – Koalas mit langen, spitzen Zähnen – informiert, die sich auf harmlose Touristen werfen würden. „Really?", war das Einzige, was ich dazu sagen konnte, denn ich glaubte ihnen kein Wort. Erst als ich Jahre später miterlebte, wie ein Magpie, eine australische Elster, ein Kind im Hitchcock-Stil anflog und attackierte, überdachte ich meine Einstellung gegenüber den augenscheinlich harmlosen Vertretern der australischen Natur. Als schließlich im August 2007 eine große Horde Kängurus eine Militärbasis in Canberra stürmte und die Soldaten sprachlos und völlig perplex zurückließ, war mir endlich bewusst, was die Tierwelt in diesem Land plante. Sie wollte sich nach über 200 Jahren Okkupation ihr Hab und Gut zurückholen. „Wir haben die älteren Rechte", schrien die Kängurus während ihrer Attacke sicher lautstark in Känguru-sprache. „Macht euch aus dem Staub! Überlasst uns dieses staubtrockene Fleckchen Erde." Ja, das musste auch die Erklärung dafür sein, warum sich hier am anderen Ende der Welt die giftigsten Schlangen, Spinnen und Quallen dieser Erde versammelten: Um uns Menschen, die wie Bulldozer alles platt machten und sich über alle Lebensformen stellten, wieder zu verdrängen.

In meiner Fantasie sah ich ein Heer an Kängurus und Emus, Taipanen und Trichternetzspinnen geschlossen in einer Linie auf Sydney zumarschieren. Das gäbe doch mal eine gute Story für einen Science-Fiction-Film ab. Vielleicht sollte ich in die Fußstapfen von Carl Amery steigen und das Pendant zum „Untergang der Stadt Passau" schreiben – der „Untergang der Stadt Sydney" – dieses Mal geschrieben von einer Passauerin. Vielleicht eine gute Idee …

Die australischen Sommermonate sollten für mich eine lehrsame Lektion in Bezug auf die Fauna des Landes bereithalten. So lehrsam, dass ich manchmal sogar dem kühleren Wetter in Deutschland nachtrauerte. Nicht, dass ich die durchschnittlichen 300 Sonnentage Sydneys pro Jahr missen wollte. Doch wer sich nachts mit einer Taschenlampe bewaffnet in die Küche traut, den erwartet in den warmen Jahreszeiten so einiges. Kaum trifft der Lichtstrahl die Küchentheke, flitzt und saust es in alle Richtungen. Ja, dieses so herrlich warme Klima ist auch ein Paradies für Kribbelkrabbeltiere – und vor allem Kakerlaken fühlen sich im subtropischen Klima tierisch wohl. Als ordentlicher Mitteleuropäer war ich selbstverständlich zu Tode erschrocken, als ich das erste dieser – für unsere Verhältnisse – überdimensionalen Exemplare entdeckte. Hatten wir nicht genug geputzt oder gar Essensreste rumliegen lassen? Wo kam das Ding her? Auch Michael war ratlos, vor allem, wie wir so eine Monsterkakerlake beseitigen sollten. Mit einem Karton? Mit der Fliegenklatsche einfach platt machen? Halt, dann verstreuen sich die Eier überall, hatte ich irgendwo gelesen. Schließlich saugte meine bessere Hälfte sie einfach mit dem Staubsauger ein. Schluss aus. Und eine Kakerlake weniger. Doch jetzt war ich es, die nach diesem Wildlife-Erlebnis Albträume bekam. Wenn es sich nicht um die giftigste Spinne der Welt drehte, träumte ich davon wie sich eine überdimensionale Kakerlake langsam wieder ihren Weg durch den Staubsauger zurück in die Freiheit bahnte und dann wahrscheinlich einen Rachefeldzug auf uns plante, hunderte Eier in der Wohnung verstreute und wir wenig später in einem Heer von Kakerlaken zu ersticken drohten – das ließ mich nachts schweißgebadet aufwachen.

Da half nur eines: Zur Tat schreiten – auf in den Supermarkt und Insektenspray kaufen. Doch dort stand ich dann vor ungefähr fünfzig verschiedenen Produkten: Gegen Ameisen, Termiten, Spinnen, Kakerlaken und anderes Getier. Wie sollte ein Laie wie ich mich da zurechtfinden? Doch Hilfe nahte – wie immer in Australien – schnell. „Was suchen Sie denn genau?", wollte die Verkäuferin von mir wissen. „Was gegen Kakerlaken?" „Gegen die großen oder gegen die deutschen?" Moment mal, sollte das eine Beleidigung sein? Doch die Verkäuferin erklärte mit ernstem Gesicht, dass das eine wirklich ernste Sache sei. Die großen Kakerlaken wären nämlich recht harmlos und kämen im Normalfall durch ein offenes Fenster herein. Doch wer die kleinen – mit dem tatsächlichen Namen German Cockroaches – in der Wohnung hätte, der müsse sich professionelle Hilfe vom Kammerjäger holen, denn die könnten sich schnell festsetzen und ausbreiten. Nachdem unsere Kakerlake fast handtellergroß war, hatten wir wohl nochmal Glück, und so zog ich mit einem Spray von dannen.

Doch Kakerlaken sollten noch lange nicht meine einzige Begegnung mit den Kribbelkrabbeltieren des Fünften Kontinents sein. Wenig später lag ich friedlich lesend auf unserem Bett, als sich lange behaarte Beine in mein Blickfeld schoben. Die Spinne war ebenfalls so groß

wie meine Handfläche und sah schon von der Entfernung unheimlich aus. Eine Spinne – so ganz in Freiheit – schockte mich nun doch.
Ein Rückwärtspurzelbaum beförderte mich in Sekundenschnelle aus
der Gefahrenzone – so schnell, dass ich selbst über meine plötzliche
Beweglichkeit erstaunt war. Ich rannte in die Küche und schrie nach
Michael, der wieder mal den Staubsauger zückte, um sich des Tier-
chens zu entledigen.

Inzwischen weiß ich, dass diese Huntsman-Spinnen ganz harmlose
Gesellen sind – im Gegensatz zu den mich faszinierenden kleineren
Artgenossen wie der giftigen Rotrückenspinne oder der Trichternetzspinne, deren Biss einen Menschen ernsthaft krank werden lässt und
ohne Gegengift letztendlich sogar zum Tod führt. Glücklicherweise
gibt es gegen die kleinen Bösen aber wirksame Gegengifte und so ist
es selbst auf dem giftigsten Kontinent der Erde recht sicher. Denn wie
es die Pressedame eines australischen Zoos einmal so schön formu-
lierte: „Wenn Sie schon von der giftigsten Spinne oder Schlange gebissen werden, dann am besten in Australien. Denn niemand sonst hat
so gutes Gegengift wie wir." Niemand sonst hat auch die giftigsten
Tiere dieser Arten, hätte ich entgegnen mögen, aber ich habe mir den
schlauen Spruch mal lieber verkniffen.

Doch nicht alle Krabbeltiere Australiens sind mit hochwirksamen
Nervengiften ausgestattet. Vor allem etliche Insekten des Antipoden-
kontinents sind völlig harmlos, auch wenn sie eine ziemliche Wirkung auf den Durchschnittseuropäer haben. Da gibt es zum Beispiel
die lieben Grillen, die durchaus so laut zirpen können, dass sich der
„Gestörte" gerne Watte in die Ohren stopfen möchte oder gar glaubt,
eine Alarmanlage ausgelöst zu haben. Doch sie sind noch gar nichts
gegen die vielen überdimensionalen Motten Australiens.

Als wir einmal am Abend das Fenster offen und das Licht ange-
lassen hatten, war unsere Decke vollkommen schwarz, als wir wenig
später wieder ins Zimmer kamen. Motten über Motten hatten sich
eng aneinander gedrängt und bedeckten unsere ansonsten so schöne
weiße Decke. Da half selbst der Staubsauger nicht mehr wirklich.
Wir öffneten alle Fenster, schalteten das Licht aus und hofften auf

die Intelligenz der Tierchen. Tatsächlich waren am Morgen die meisten wieder verschwunden und den Rest entsorgte dann doch der stets nützliche Staubsauger. Als ich später im Internet recherchierte, fand ich heraus, dass wir mit den Motten auch eine äußerst nahrhafte Speise entsorgt hatten. Die sogenannten Bogong Motten würden in Sydney meist im Frühjahr vom Westwind mit ins Haus geweht – das konnte ich nur bestätigen – und während es den einen grauste (ja uns), hätten sich manche Sydneysider ihnen vollkommen verschrieben. So würde Meisterkoch Jean-Paul Bruneteau sie drei Minuten in Öl braten, um ihren nussigen, knusprigen Popcorngeschmack zu intensivieren. Auch Wildlife-Experte Martyn Robinson vom Australian Museum, den ich später für ein Buch interviewte, hatte ein Faible für die Riesenmotte. Der gute Mann erklärte, er esse sie gerne mal als Snack zwischendurch oder auf einem Sandwich. Allerdings warnte er, dass Studien einen erhöhten Arsengehalt aufgrund von Pestiziden gefunden hätten. „Bevor ich das hörte, habe ich sie einfach vom Fenstersims gefangen, bei den Flügeln festgehalten und direkt in meinen Mund gesteckt, wie einen Garnelencocktail", sagte Robinson. Die armen Motten, dachte ich mir. Ich fand auch heraus, dass diese „Delikatessen" nach ihrem Sydney-Intermezzo normalerweise in die Snowy Mountains weiterzogen, wo sie sich in Höhlen verkrochen – teilweise bis zu 17.000 dieser lieblichen Tierchen auf einem Quadratmeter. Früher pilgerten die Aborigines in die Höhlen, um die fett- und proteinreichen Tiere zu sammeln – ein sehr ursprünglicher Ersatz für den Burger von McDonalds.

Nachdem ich das alles erfahren hatte, kam mir ein waghalsiger Gedanke: Ob ich die Motte trotz Arsen und Kalorienüberschuss mal auf unseren Speiseplan setzen sollte? Schließlich hatten wir auch Tage nach unserem nächtlichen Zwischenfall immer noch mindestens fünf bis zehn pro Tag in unserer Wohnung. Ich stöberte im Internet und fand ein „leckeres" Omelette-Rezept mit den Motten. „Nehmen Sie dafür eine Dreiviertel Hand voll Motten und malen Sie sie im Kaffeeblender klein, dann in das Omelette, den Crêpe oder in den Pfannkuchen sprenkeln und schließlich mit ein paar ganzen Exemplaren dekorieren", stand da. Das sähe dann aus wie Pflaumen in einem Mandelkuchen, versprach das Rezept. Ich überlegte hin und her – wollte ich doch unbedingt Michaels Gesicht sehen, wenn ich ihm dieses proteinreiche Omelette am Ende eines arbeitsreichen Tages servierte – aber schließlich brachte ich es doch nicht übers Herz, den recht handlichen und kuschelweichen Tierchen so den Garaus zu machen. Dann sauge ich sie doch lieber ein, dachte ich mir. Das ist bestimmt humaner.

Kapitel VI

Hier werden Sie geholfen ...

Die folgenden Wochen schienen wie im Fluge zu vergehen. Wir lebten uns in unserem Apartment ein, auch wenn es uns drei Wochen kostete, bis wir es von jedem Schmutz, Schimmel und von all den Löchern in der Wand befreit hatten. Michael lernte dabei eine Menge „toller“, neuer Wörter von seinen Kollegen, die ihm halfen, den Zustand seiner neuen Behausung zu beschreiben. Unsere Wohnung war demnach ein wenig *dodgy* (suspekt, unordentlich). Das dritte Zimmer, das irgendwann zu einem Gästezimmer werden sollte, war im Augenblick noch völlig *chockers* (überfüllt) – also mit unausgepackten Kisten voll gestellt. Und damit wir am Wochenende nicht vereinsamten, luden uns etliche Kollegen zum *Barbie* am *Arvo* ein. Also zum Barbecue am Nachmittag. Mich schüttelte es bei diesem Englisch, das Michael mir grinsend am Abend beibrachte. „Australier kürzen eben gerne alles und jeden ab“, sagte er altklug und hielt mir den Reiseführer entgegen. „Das hast du doch selbst hier vorgelesen.“ Ich nickte und dachte an Harry, der mir heute „Bye, Barb“ zugerufen hatte, als ich an Land ging. Ich erzählte es Michael, der plötzlich übers ganze Gesicht strahlte. „Das ist ein echtes Kompliment! Wer abgekürzt wird, der ist hier anerkannt!“

Ich musste wohl noch eine ganze Menge über die Sitten hier am anderen Ende der Welt lernen. Und das nächste Lehrstück in Sachen australische Mentalität erwartete mich schon: Unser Ofen hatte kurz nach dem Einzug – vielleicht auch durch das viele Putzen – seinen Geist aufgegeben. So hatte ich den Makler informiert und der einen Elektriker. Zwischen 8 und 14 Uhr käme er, so teilte man mir die nicht ganz genaue Terminvorgabe mit. 15 Uhr rückte jedoch näher und wer immer noch nicht im Hausflur stand, war mein Elektriker. Draußen schüttete es, was es nur schütten konnte, und meine Laune hielt sich ohnehin schon in Grenzen. Sollte Sydney nicht 300 Tage Sonnenschein im Jahr haben? Dass es an den anderen 65 Tagen gleich sturzbachartig regnete, hatte ich nicht gedacht. Als ich mich um 15:30 Uhr entschloss, mal höflich nachzufragen, wo mein Elektriker denn nun bliebe, war die ungläubige Antwort am anderen Ende der Leitung: „Ja, es regnet doch." „So what", wollte ich eigentlich sagen – aber schlagfertig ist man in einer fremden Sprache oft erst, wenn das Gespräch schon längst beendet ist.

Und wer aus einem Land kommt, in dem es meistens regnet, der kann nicht nachvollziehen, wie in einem anderen Land alles stillstehen kann, kaum dass mal etwas Wasser vom Himmel kommt. So verstummte ich verständnislos am Telefon und nahm hilflos einen neuen Termin an. Montag, nächste Woche, zwischen 8 und 14 Uhr. Ich seufzte und beschloss, das Wetter in mein Abendgebet mit einzuplanen, damit wir demnächst wieder eine warme Mahlzeit auf den Tisch bekämen.

Auch musste ich erkennen, dass die deutsche Pünktlichkeit nicht immer gut ankommt. Klar, bei Geschäftsterminen sollte man nicht eine Stunde später aufkreuzen, doch Privateinladungen bedeuten definitiv c. t., wie es bei uns an der Uni so schön heißt. *Cum Tempore* – also mit mindestens einer Viertelstunde Verspätung auftauchen, denn ansonsten kompromittiert der Gast den Gastgeber. In dieses Fettnäpfchen mussten wir unweigerlich treten, als wir stolz zu unserer ersten Barbecue-Verabredung aufkreuzten. Als wir Punkt 17 Uhr vor dem Haus eintrafen und klingelten, rührte sich da rein gar nichts. Erst zehn Minuten später kreuzte die Gastgeberin auf und meinte fröhlich, sie käme gerade vom Metzger und hätte noch Grillfleisch gekauft. Unser *plate* mit Nachspeisen, den wir brav auf Anfrage mitgebracht hatten, war zwar schon ein wenig warm geworden, aber der überdimensionale Kühlschrank rettete das zerfließende *Panna Cotta* und die *Crème brulée*.

Die nächste Lektion lernten wir, als wir die ebenfalls gigantisch große Grillstation im Garten der neu erworbenen Freunde sahen. Grillen ist in Australien eine professionelle Sache, die schnell vonstatten geht, da jede Station direkt an den Gashahn angeschlossen ist. Ewig Kohlen vorheizen, bis sie endlich glühen, ist hier nicht. Michael bekam ein eiskaltes Bier im *Stubbyholder* – einem Schaumstoffkühlhalter – in die Hand gedrückt und durfte neben den Männern am Grill stehen. Am Anfang hatte er ziemlich Bedenken, ob er bei den sportbesessenen Australiern mithalten könne. „Was, wenn die alle über das letzte Rugbyspiel reden wollen und ich hab's nicht einmal gesehen?" Doch er war auf der sicheren Seite. Die Kommunikation beschränkte sich auf ein Minimum. „How are you, mate?" Wie gehts dir mein Freund, wollte man wissen, und erwartete keine große Antwort. Danach wurde nur noch in kurzen Sätzen gesprochen und dazwischen immer wieder ein Schluck Bier genommen. „Your work, alright mate?" Alles klar bei der Arbeit? „Yeah, all good. And you?" „Yeah, no problems." Ja, alles klar. Und bei dir? Ja, auch keine Probleme. Als ich ihn später fragte, was sie so geredet hätten – da am Grill, diesem heiligen Gral der Männer – zuckte er nur mit den Schultern: „Eigentlich nichts."

Da ging es bei uns Frauen in der Küche ganz anders zu. Schon nach wenigen Minuten wusste ich, wer schon mal geschieden war, wessen älteres Kind aus der Beziehung mit einem anderen Mann stammte und wie die australischen Männer so beim Sex sind. Bis dahin hatte ich mich mehr oder weniger aus dem Gespräch rausgehalten, häufig genickt und freundlich gelächelt. Doch ich spürte, wie die Frage jetzt auf mich zurollte wie eine große Tsunamiwelle. „How about the German men?" Wie sind die deutschen Männer so drauf? Helfen sie im Haushalt? Sind sie Machos? Und aufregend im Bett? Mir lag eine diplomatische Antwort auf den Lippen, die keine der Fragestellerinnen befriedigt hätte, als Michael durch die Tür kam und mich rettete. Er hatte wohl einen Teil der Unterhaltung mitgehört und baute sich selbstbewusst auf. „Da gibt es doch wohl keinen Zweifel, dass wir deutschen Männer tolle Hechte sind, wenn ihr mich hier so anschaut, oder etwa doch? Liebevolle Ehemänner, gute Köche und fantasievoll beim Sex ..." Er griff sich ein frisches Bier aus dem Esky und drehte gekonnt den Kronkorken auf. Bei den meisten australischen Bieren brauchte es keinen Flaschenöffner, sondern nur eine starke Hand. Dann zwinkerte er mir zu und marschierte grinsend zurück zum Barbecue. Ich musste auch grinsen und nickte nur bestätigend. Meine neuen australischen Freundinnen sahen sich beeindruckt an.

Glücklicherweise fiel mir schnell ein neues Thema ein, bevor sie noch mehr Fragen stellen konnten.

„Leute, ich habe versucht, die ersten Interviews und Termine für meinen Job zu organisieren. Aber kein Mensch antwortet auf meine E-Mails. Ist das normal?" Alex, selbst Journalistin bei National Geographic in Sydney, grinste verhalten. „Ja, das ist leider normal. Termine zu organisieren, ist nicht so einfach hier in Australien, aber es gibt einen guten Trick." Sie tupfte sich den Mund mit einer Serviette, schaute geheimnisvoll und flüsterte mir zu: „Du musst anrufen – E-Mails liest hier kein Mensch – dich tausend Mal entschuldigen und um die Hilfe der Leute bitten. Sobald du um Hilfe bittest, kann hier keiner mehr nein sagen." Susan, die gelauscht hatte – wohl in der Hoffnung noch mehr über das Sexleben der Europäer zu erfahren – nickte bestätigend. „Ja, das stimmt, wir Aussies haben einen Helferkomplex. Nicht umsonst hat hier jeder mindestens einen oder zwei ehrenamtliche Jobs neben der Arbeit und der Familie am Laufen." „Wie bitte? Wie schafft ihr es denn, noch so viel nebenbei zu machen?", wollte ich wissen. Da sprudelte es aus ihnen geradezu heraus. Jede schien sich gerne mitteilen zu wollen. Jean, die Tierfreundin, arbeitete freiwillig am Wochenende im Zoo und verteilte dort Informationsblätter. „Manchmal darf ich aber auch mal einen Koala oder eine Schlange rumtragen, die die Leute dann anfassen dürfen", berichtete sie strahlend. „Und ich arbeite am Wochenende als ehrenamtliche Rettungsschwimmerin am Manly Beach", erzählte eine Frau, die ich auf der Party eben erst kennengelernt hatte. Ich sah sie erstaunt an. „Muss man da nicht unglaublich fit sein?" Noch während ich es sagte, schoss mir in den Kopf, dass man die Bemerkung auch in den falschen Hals bekommen könnte, obwohl ich sie keinesfalls beleidigend gemeint hatte. Aber die Dame – bestimmt Mitte 40 und etwas mollig – sah alles andere als durchtrainiert aus.

Glücklicherweise nahm sie mir die Bemerkung nicht übel, sie schien eher stolz darauf zu sein, berichten zu können, wie sie es geschafft hatte. „Ich bin über Wochen jeden Morgen um fünf Uhr aufgestanden, war mit Freundinnen beim Training, um sechs Uhr morgens im Fitnessstudio und als die Sonne dann aufging, haben wir uns in die Fluten gestürzt." Sie holte tief Luft. „Am Anfang waren

wir alle nicht sehr fit. Ich dachte oft, meine Lungen würden bersten."
Früher habe sie höchstens den Hund spazieren geführt und sonst
nie Sport gemacht, berichtete sie weiter. „Normalerweise dauert es
zehn Wochen, den Kurs zu absolvieren, wir brauchten vier Monate."
„Aber ihr habt es geschafft", sagte ich schwer beeindruckt, nachdem
ich selbst sogar im Pool zu ertrinken drohe, nie einen Schwimm-
kurs absolviert hatte und generell eher wie eine Ente schwamm. Die
Rettungsschwimmerin nickte und sagte lachend: „Wir haben's alle
geschafft, aber am Anfang sind wir mal mit dem Brett rausgepaddelt
und in eine der gefährlichen Strömungen geraten. Da kam ein Surfer
und fragte: ‚Braucht ihr Hilfe?' Dabei stand auf dem Brett groß ‚Life-
safer'. Aber wir sahen wohl einfach noch zu unbeholfen aus."
Ich wollte mehr wissen und fragte die anderen: „Engagiert ihr
euch auch alle ehrenamtlich?" Susan half in der lokalen Schule aus
und übte lesen mit Kindern, die sich etwas schwerer taten oder gar
Legastheniker waren. Alex kümmerte sich um die alte Dame in ihrer
Straße, kaufte für sie ein und schaute nach dem Rechten. „Und ihr
kriegt alle kein Geld dafür?" Alle schüttelten den Kopf. „Das ist doch
der Sinn der Sache. In einer Gemeinde müssen alle zusammenhal-
ten, damit es klappt. Einmal gibt man, ein anderes Mal nimmt man.
Wenn mein Kind mal schlecht beim Lesen ist, werde ich auch froh
sein, wenn eine andere Mutter mit ihm übt", sagte Susan. Ich nahm
all die guten Ratschläge mit auf den Weg und schwor mir, sie gleich
am nächsten Tag in die Tat umzusetzen. Aber noch war ich nicht
so weit, einen ehrenamtlichen Job anzunehmen (das sollte sich noch
ändern) – jetzt war es erst einmal an mir, die Hilfe von anderen in
Anspruch zu nehmen.

Ich sollte für einen deutschen Regisseur eine Dokumentation über
einen Lastwagenfahrer organisieren, der von Sydney einmal quer
durchs Outback bis nach Darwin fuhr. Nachdem ich alle Logistikfir-
men angeschrieben hatte, die ich im Internet finden konnte, hatte ich
eine Woche später noch immer keine einzige Rückmeldung erhalten.
Schließlich beschloss ich, bei einer kleineren Firma im Westen von
Sydney anzurufen. Ich wurde tatsächlich zum Manager durchgestellt,
entschuldigte mich erstmal wortreich, dass ich ihn so überfiel, und

bat ihn dann um Hilfe. Es sei mein erster größerer Job als Auslandskorrespondent hier, den dürfte ich nicht vermasseln. Und tatsächlich, die Stimme am anderen Ende der Leitung wurde zunehmend freundlicher. „Mal überlegen, fürs Fernsehen brauchst du ja einen, der ein wenig passabel ausschaut und reden kann, oder?" „Ja das wäre natürlich toll", sagte ich atemlos. „Wir haben da den Richard. Der ist ein echter ‚Looker'. Der kommt gut bei den Mädels an." Ich konnte mein Glück kaum fassen. „Ich hol ihn mal ans Telefon." Kaum fünf Minuten später hatte ich meinen Protagonisten und einen Casting-Termin, damit ich ihn mir persönlich mal ansehen und Fotos für den deutschen Regisseur schießen konnte. „Alex, ich danke dir", hauchte ich glücklich, als ich den Hörer auflegte. Das Helfersyndrom hatte zugeschlagen.

Zwei Tage später machte ich mich auf die kleine Weltreise in den Westen Sydneys. Zwei Stunden vor dem Termin war ich losgefahren, um das Gewirr an Highways, das mich erwartete, mit Ruhe angehen zu können. Bald schon ließ ich die hübschen grünen Vororte im Norden der Stadt hinter mir. Über die mächtige Harbour Bridge ging es in Richtung Western Suburbs. Industrieanlagen, klapprige Holzhäuser, Autohändler, Tankstellen, Fast-Food-Läden, meist mindestens drei verschiedene Ketten hintereinander, reihten sich die Straßen entlang. Das waren also die Gegenden, die am Montagmorgen in der Zeitung standen, nachdem es Samstagabend Schießereien gegeben hatte.

Einmal musste ich Maut bezahlen. Ich wühlte aufgeregt in meiner Handtasche nach Kleingeld und beobachtete im Rückspiegel die Schlange, die sich hinter mir bereits bildete, nachdem ich das Wechselgeld nicht schon parat hatte. Doch die Dame in ihrem Mini-Kassenhäuschen an der Autobahn blieb die Ruhe selbst. „No worries, my love." Warum sie mich wohl „mein Liebling" nannte? Sie kannte mich doch gar nicht. Doch ich war froh, ohne Ärger weiterzukommen.

Nach rund eineinhalb Stunden Fahrt war ich am Ziel angekommen. Die Logistikfirma hatte eine eigene Straße, die zu ihrem Lastwagendepot führte. Alles schien überdimensional groß. Ich fühlte mich wie ein Liliputaner im Land der Riesen. Das Tor, durch das es auf das Gelände ging, war mindestens vier Meter hoch, der Wendekreis am Ende der Straße gut zehn Meter breit. Bald sollte ich verstehen, warum. Die Lastwagen, die ich vor den großen Hallen stehen sah, waren keine Lastwagen, wie ich sie aus Deutschland kannte, sondern so überdimensional wie der Rest des Geländes.

Richard und sein Manager hatten mich sofort gesehen – so häufig schienen keine blonden Frauen in hochhackigen Schuhen zu ihnen zu kommen. „Hey, mate. How are you?", begrüßten sie mich. Das war das Gegenprogramm zur Dame im Kassenhäuschen an der Autobahn. Ich war doch kein Kerl. Fast war ich ein wenig beleidigt, doch die beiden waren eher von der Sorte hart aber herzlich. Voller Begeisterung zeigten sie mir ihre Lastwagen, die von innen edel mit dunklem Leder und einer kleinen Schlafkabine ausgestattet waren. „Wir können dir hier leider keinen ganzen Road Train zeigen", erklärten sie mir. Ich schaute Richard fragend an. „Du dachtest doch nicht, dass wir nur mit einem Anhänger bis nach Darwin fahren würden? Das würde sich nicht lohnen." Er erklärte, dass sie wegen der Bestimmungen in Sydney nicht alle Anhänger mitbringen dürften. „Nach den Blue Mountains – in Dubbo und später in Bourke - kommen die anderen Anhänger dazu." Insgesamt wäre der gesamte Lastzug mit drei Anhängern dann über 35 Meter lang. Das war länger als zwei Busse hintereinander. Ich war deutlich beeindruckt. Ich versuchte mir vorzustellen, wo Dubbo und Bourke nochmal auf der australischen Landkarte lagen. „Das ist ja im tiefsten Outback", rutschte es mir heraus. Richard musste grinsen. „Bis Bourke ist noch richtig was los, aber danach, da sagen sich die Füchse wirklich gute Nacht. Wenn du da mit einer Panne liegen bleibst, hast du echt verloren."

Richard war ein guter Typ. Groß, schlank, mit einem sympathischen Lachen und kleinen Grübchen, die zuckten, wenn er sprach. Er schien es faustdick hinter den Ohren zu haben. Das sollte ich bald selbst zu fühlen bekommen, als ich ihn bat, den Fragebogen der Produktionsgesellschaft mit mir auszufüllen. „Lass uns das doch bei einen Kaffee besprechen. Ich habe Hunger und Durst." „Gute Idee." Wir sprangen in mein Auto und Richard dirigierte mich den Weg zurück bis zu einer kleinen Ladenstraße. Das Café sah nicht wirklich einladend aus. Eine Neon-Reklame hing außen über dem Schaufenster und die Tür quietschte beim Aufmachen laut. Wir setzten uns an einen grünen Plastiktisch mit gleichfarbigen Plastikstühlen. Überall an den Wänden hingen große Bildschirme, auf denen ein Rugbyspiel ohne Ton lief. „Bist du ein Fan?", fragte Richard mich. Ich wurde ein wenig rot. „Mhm, da kenne ich mich nicht so aus", musste ich gestehen. „Bei uns spielen alle Fußball." Richard nickte mitleidig und hielt mir die Karte hin. Ich wollte nur einen Orangensaft – beim Arbeiten habe ich immer wenig Appetit und der verging mir gleich noch völlig, als ich von der Karte zur Kellnerin aufsah, die soeben an unseren Tisch getreten war.

„Was darf's denn sein?", fragte sie freundlich lächelnd. Mir blieb kurz der Mund offen stehen. Richard war mit mir in eine Oben-Ohne-Bar gegangen und vor mir stand eine nur spärlich bekleidete junge Dame mit reichlich Oberweite und wallenden roten Haaren. Ich klappte meinen Mund wieder zu, schluckte und bestellte so cool wie möglich meinen Orangensaft. Richard nahm ein Bier und einen Burger. Die Nicht-Bekleidung der Dame ignorierten wir beide geflissentlich und ich fing an, meinen Fragebogen abzuarbeiten. Richard konnte sich ein kurzes Grinsen nicht verkneifen. Dann war er jedoch wieder die Hilfsbereitschaft in Person und erwies sich wirklich als der ideale Protagonist – der Trip in den „wilden" Westen hatte sich gelohnt!

Kapitel VII

Die Tücken des Nichtwissens

Seit wir in unsere neue Wohnung eingezogen waren, lernte ich fast täglich etwas Neues über Australien. Oft waren es unbedeutende Kleinigkeiten, die aber nichtsdestotrotz das Leben leichter oder auch schwieriger gestalteten. Zum Beispiel haben die australischen Steckdosen allesamt einen An- und Ausschalter – eine herrliche Funktion für einen Sicherheitsfanatiker wie mich. „Michael, hast du schon gesehen, man kann die Steckdosen ausschalten? Dann kann es nicht so leicht anfangen zu brennen. Das ist ja ganz wundervoll." Michael schaute mich mit einem leicht mitleidigen Blick an. „Glaubst du das wirklich?" Er setzte zu einer Erklärung an: „Weißt du, eigenlich sind die deutschen sogar sicherer, da bei unseren Schukosteckern ja erst ein halb eingeführter Stecker ..." Ich fiel ihm ins Wort: „Ja, ja. Wer selber drei Steckdosenleisten hintereinander anschließt und nicht weiß, dass das zu einem Wohnungsbrand führen kann ... Da schalte ich meine Steckdosen lieber aus." Michael seufzte und gab es auf. Und so gaukeln mir die australischen seitdem erfolgreich das Gefühl der Sicherheit vor.

Doch so vermeintlich sicher die Steckdosen sind, so gefährlich sind dagegen die Wasserhähne – etwas, das ich am eigenen Leibe erfahren musste. Vor allem in älteren Häusern haben diese nämlich nach wie vor keine Mischbatterie. Rechts ist der Kaltwasserhahn und links der Heißwasserhahn und wer aus Versehen nur letzteren öffnet, der hat im selben Moment eine Hand so rot wie ein Hummer, der gerade aus dem kochenden Wasser gefischt wird. Ebenfalls Vorsicht angesagt ist beim Lüften, womit ich mich bis heute schwer tue. Viele der australischen Fenstermodelle sind zweigeteilt – und der untere Teil kann nur mit viel Kraftanstrengung nach oben geschoben werden. Doch je älter die Fenster sind und je häufiger sie beim Neuanstrich überkleistert wurden, ohne vorher abgeschliffen worden zu sein, desto sperriger sind sie. Wer sich bei dieser Anstrengung keine Muskelzerrung im Oberarm holt, der setzt sich zumindest der Gefahr aus, dass das Fenster mit Karacho wieder nach unten saust. Autsch, wer dann die Finger dazwischen hat. Ich gehe diesen Gefahren inzwischen aus dem Weg und lüfte lieber durch die Tür als durchs Fenster (und schließe dabei zur Sicherheit natürlich immer die Fliegengittertür, um nicht wieder eine böse Fliegen- oder Mottenüberraschung zu erleben).

In unserem ersten australischen Winter musste ich jedoch herausfinden, dass australische Fenster und Türen noch einen weiteren Nachteil mit sich bringen: Obwohl sie so schön mit Farbe verklebt sind, bläst es leider trotzdem bei allen Fugen und Ritzen hindurch, so dass ich jedes Jahr wieder spätestens ab Juli einen chronischen Schnupfen habe. Der Winter ist überhaupt so eine Sache. Nie Minustemperaturen und meist Sonne – das ist doch ein Traum, waren sich unsere deutschen Freunde einig. Untertags ist das auch richtig. Da wird es manchmal mitten im Winter so warm, dass man im T-Shirt umherspazieren kann. Australier gehen dann sogar schwimmen, die arktischen Temperaturen im Pazifik scheinen sie nicht zu stören. Ganze Gruppen von Schwimmern finden sich zusammen. Zu jeder Jahreszeit und bei jedem Wetter suchen sie bereits um sieben Uhr morgens das kühle Nass und legen dabei mir unvorstellbare Entfernungen in einem Wasser zurück, das sie sich mit Haien und anderen *Nasties* (so nennen die Aussies gefährliche Tiere) teilen müssen. Eine Gruppe in Manly nennt sich nicht umsonst die „Kühnen und Schönen" („The Bold and the Beautiful"). Diese definitiv Kühnen schwimmen also jeden Morgen vom Strand in Manly bis nach Shelly Beach. Sie tragen alle pinke Kappen – und ich weiß genau, dass sie damit in ihrem Inneren die Haie abschrecken wollen. Unser Freund Derek, der tapfer jeden Morgen mitschwimmt und auch regelmäßig und ehrenamtlich als Rettungsschwimmer am Strand aushilft, widerspricht meiner Theorie allerdings immer vehement, wenn ich sie zum Besten gebe. „Ich habe in all den Jahren noch keinen Hai gesehen. Aber letztens sind wir direkt neben einem Wal geschwommen, das war eine Erfahrung fürs Leben." Na gut, das sei aber auch nicht direkt ungefährlich neben so einem Ungetüm im Wasser zu sein, konterte ich. Außerdem könnten die eisigen Temperaturen im Winter ja definitiv nicht gesund sein, setzte ich noch eines nach. Doch Derek war nicht so schnell kleinzukriegen. „Im Wasser hat es mich noch nie gefroren. Nur wenn man rauskommt und ein Windstoß einen trifft, dann ist es kurz kalt." Ich schaute ihn zweifelnd an, doch ich musste wohl oder übel akzeptieren, dass es Menschen mit anderem Temperaturempfinden als dem meinigen gab.

Als ich kurz nach unserer Unterhaltung – am späten Morgen und mitten im Winter – einen Karton Bücher für seine Frau abgeben wollte, empfing er mich ebenfalls nur mit Handtuch um die Hüften an der Tür, während ich draußen mit dicker Wolljacke und Pullover stand. Ich hinterfragte zur Sicherheit nicht, ob er zu Hause auch für die *Bold and Beautiful* trainierte oder nur gerade aus der Dusche kam. Ich dagegen sitze im Winter keineswegs nur mit Handtuch um die Hüften in meinem zugigen Holzhaus. Ich bin drinnen genauso dick eingemummelt wie im Freien. Die 16 Grad draußen sind im Haus gefühlte acht Grad und wenn ich am Computer sitze und tippe, so fühle ich wie meine Finger langsam immer kälter und steifer werden. Die beste Investition aller Zeiten war für mich deswegen auch eine Gasheizung. Sie pustet in Sekundenschnelle herrlich heiße Wüstenluft in den Raum und ich sitze davor und föne mich. Doch irgendwann ist es dabei wie im Mittelalter vor dem offenen Feuer. Vorne ist man schön gebraten und hinten immer noch kalt. Vor allem ist diese Heizlüfterwärme immer auf einen Ort beschränkt. Ist das Wohnzimmer schön warm, sind die Schlafzimmer unterkühlt. So ist es vielleicht kein Wunder, wenn am Abend in unserem Haus meist ein Deckenkrieg ausbricht. Und den gewinnt im Normalfall der, der am längsten wach bleibt und dann leise und auf Zehenspitzen ins Schlafzimmer schleicht und mit viel Gefühl, ohne zu ruckeln, dem anderen die dritte Decke klaut, die der doch eigentlich gar nicht braucht ... Aber meistens wache ich – egal ob zwei oder drei Decken – nachts irgendwann auf und friere.

Keine Frage, ich bin ein wenig verweichlicht. Das muss ich mir ganz klar eingestehen, seitdem ich mich mit dem Durchschnittsaustralier vergleiche. Doch wie ein Spießer kam ich mir eigentlich noch nie vor … Dies änderte sich allerdings, als ich mich ehrlich und ernsthaft über die Ankunft unserer deutschen Waschmaschine freute.

„Wie kannst du dich nur über die Ankunft eines langweiligen Elektrogerätes freuen? Ist jetzt schon alles zu spät bei dir?", fragte mich Anita am Telefon, als ich ihr wieder eines meiner wöchentlichen *Updates* lieferte.

„Weißt du, australische Maschinen waschen im Normalfall nur kalt und verdächtig kurz, sodass ich bezweifele, dass die Wäsche wirklich sauber wird. Die Weißwäsche erscheint mir nach jedem Waschgang definitiv immer weniger weiß."

„Na, du hast Probleme", antwortete sie und fragte im gleichen Atemzug: „Scheint bei euch immer noch die Sonne?"

„Ja, ja, seit drei Wochen hat's nicht mehr geregnet."

„Und da regst du dich über Waschmaschinen auf?"

Ja, das tat ich und so hatte ich in meiner ersten Not immer mal einen Eimer heißes Wasser beigegeben, um die Wäsche vielleicht doch etwas sauberer zu bekommen. Doch dieser Humbug hatte nun ein Ende. Die gute Miele-Waschmaschine war eingetroffen und mit Adapter und Druckminderer (der Wasserdruck hier in Down Under ist höher) funktionierte sie einwandfrei und meine Wäsche wurde plötzlich mit jedem Waschgang wieder weißer. Zumindest bildete ich mir das ein. Das Thema erwähnte ich zur Sicherheit bei meinen Freunden aber nie wieder. Schließlich sollten sie mich nicht für einen Spießer halten.

Temperaturen, Waschmaschinen und Wasserhähne mal beiseite – ich verschwendete in den ersten Monaten auch einige Gedanken an die Verkehrsregeln in Australien. Autofahren auf der linken Seite, plötzlich rechts am Steuer zu sitzen und links zu schalten, all das war Gewohnheitssache. Nicht mehr mit 200 Stundenkilometern über die Autobahn brausen zu dürfen, sondern nur noch mit gemächlichen 110, das fand ich sogar gut. Sicherer ist es auf alle Fälle. Vielleicht werden Unfälle deswegen hier wie ein echtes *News*-Thema in der Hauptnachrichtensendung am Abend behandelt, während sie es in Deutschland gerade mal in die Lokalzeitung schaffen. Doch ob die Sicherheit wirklich der maßgebende Entscheidungsfaktor für die geringe Höchstgeschwindigkeit war? Vielleicht liegt dieses Schnckentempo (für deutsche Verhältnisse) eher am Zustand der Straßen, an der Tatsache, dass auch Radfahrer auf der Autobahn unterwegs sein dürfen („The road is there to share") oder dass es bei weitem keine so starke Automobillobby gibt wie in Deutschland. Ich weiß nur, dass für mich das Autofahren auf den australischen Highways deutlich angenehmer ist, da mir kein blinkender Raser im Nacken sitzt. Sollte ich also je zurück nach Deutschland und gar in die Politik gehen, wäre eine Geschwindigkeitsbegrenzung mit Sicherheit eine meiner ersten Petitionen.

Auch wenn die Polizisten in Australien zunächst sehr freundlich sind – die Strafzettel, die dann folgen, sind kategorisch. Mehrere hundert Dollar für nur wenige Stundenkilometer zu viel sind nicht ungewöhnlich. Als ich einmal aus Versehen zwei Tage auf einem Parkplatz stand, der jedoch zwischen 14 und 16 Uhr täglich ein Parkverbot hatte (hätte ich mal bloß das Kleingedruckte unter dem P-Zeichen gelesen!), bekam ich zwei Strafzettel über jeweils 148 Dollar. Jeden Tag einen. Glücklicherweise bemerkte ich den Schaden am dritten Tag, noch bevor der Parkwächter wieder vorbeikam.

Einen großen Fehler beging ich auch damit, den Leitfaden zu den australischen Verkehrsregeln erst anzulesen, als mein deutscher Führerschein auf einen australischen umgeschrieben werden musste. Ich musste zwar nur einen Sehtest absolvieren, doch der freundliche Mann beim RTA (das Äquivalent zu unserem TÜV) drückte mir auch noch besagtes Büchlein in die Hand. Ich erinnerte mich vage, das Gleiche schon einmal zu Beginn unseres Aufenthaltes von Freunden geschenkt bekommen zu haben, doch damals hatte ich es, ohne größere Gedanken daran zu verschwenden, mit ins Altpapier gepackt. Als mir das neue Heftlein am Abend – gemütlich auf dem Sofa sitzend – in die Hände fiel, blätterte ich es nun doch einmal durch und mich durchfuhr gleich mehrmals ein kräftiger Schreck. „Irgendetwas Interessantes darin?", fragte Michael. Ich nickte: „Ich glaube, wir können von Glück sagen, dass wir erst ein paar hundert Dollar an Strafzetteln bekommen haben. Lies selber." Ich reichte ihm das Heft und Michael schluckte. „Oha, deswegen ..." Die Parkregeln waren doch sehr unterschiedlich zu den deutschen und endlich verstand ich, warum wir in den Monaten davor unverhältnismäßig viele Strafzettel gesammelt hatten, die wir uns nicht wirklich hatten erklären können. Die Abstände, die parkende Autos von Straßenecken und Fußgänger- überwegen halten müssen, waren deutlich größer als im deutschen Verkehrsrecht. Um dieses Wissen bereichert, verbesserte sich meine Parkticket-Situation in den kommenden Jahren um 100 Prozent. Ich habe bis zum heutigen Tag keinen Strafzettel mehr bekommen.

Andere Regeln wie die der *T3-Lane* hatten wir selbst schon ausbal- dowert: Ein Auto musste mit mindestens drei Leuten besetzt sein, um auf einer T3-Spur fahren zu dürfen. Diese ungewöhnliche Ver- kehrsregel fand ich Jahre später dann auch in der ersten Monopoly- Ausgabe Sydneys wieder. Auf einer der Ereigniskarten hieß es da: „Zahlen Sie 15 Monopoly Dollar, wenn Sie verbotenerweise auf der T3-Spur auf der Spit Bridge fahren." Nur dass das in Wirklichkeit deutlich teurer wäre ...

Auch die Handhabung der Kreisverkehre hatten wir durch reine Beobachtung gelöst: In die Richtung blinken, in die man will (also beim Geradeausfahren nicht), nach links einfahren und dorthin abbiegen, wo man angezeigt hat. *Too easy!*
   Meine erste Begegnung mit einer Baustelle war dagegen ein erin- nerungswürdiges Ereignis. Anders als ich es gewohnt war, begrüßte mich keine Ampel an der Baustelle, sondern eine nette junge Dame mit einem Stoppschild und einem Funkgerät. Nachdem sie etwa zehn Autos aus der anderen Richtung durchgelassen hatte und ihr mein ungläubig starrender Blick wohl zu unheimlich wurde, nickte sie mir ernst zu, drehte das Schild um und zeigte mir die Rückseite des fle- xiblen Schildes, auf der *Slow* – also „Langsam" stand. Meine Reaktion war dann auch erstmal nicht die allerschnellste. Ich war noch zu sehr von der lebenden Ampel überrascht, die mir da gegenüberstand, als ein zweites, noch etwas ernsteres Nicken der Ampeldame mich end- lich in die Gänge brachte. Ich trat aufs Gas und fuhr – langsam ver- steht sich – durch die Gefahrenzone bis ans Ende der Baustelle. Der zweiten Dame, die das hintere Ende der Baustelle bewachte, nickte

ich zunächst ernst zu, bevor ich danach grinsend nach Hause brauste. Sowas nennt sich Arbeits-Beschaffungsmaßnahme! Wo gab's denn sowas noch – zwei lebende Ampeln. Doch die Baustellen waren nicht das Einzige, das in Australien weniger automatisiert war als in Europa. An vielen Tiefgaragenausfahrten sitzen noch echte Kassierer und die Autos werden in sogenannten *Car Wash Cafés* per Hand gewaschen, während Kunden gemütlich einen Kaffee schlürfen. Das Schöne dabei ist, dass damit alles etwas persönlicher ist. Mit dem Herrn an der Tiefgaragenausfahrt meines Supermarktes halte ich jeden Montag ein Schwätzchen. Ich weiß, dass er Cyril heißt und zwei Kinder hat, gerne abends noch eine Tasse Kakao trinkt und am liebsten Kochsendungen schaut. Deswegen arbeitet er auch für einen Supermarkt. Erst wenn ein Auto hinter mir auftaucht und ich den ungeduldigen Blick meiner Hinterfrau oder meines Hintermannes im Nacken spüre, verabschiede ich mich bis zum nächsten Montag und wünsche einen schönen Abend mit Kakao.

Die Tücken des Nichtwissens stellten nicht nur mir am Anfang ab und zu ein Bein. Als ich für verschiedene Fernsehsender ausrückte, um „Auswandererreportagen" über Deutsche in Sydney, Melbourne und Perth zu drehen, ging es den anderen „Neuen" kein bisschen besser als uns. Der Kulturschock war oft doch größer als gedacht. Wer ein westlich orientiertes Land mit ähnlichen Wertevorstellungen erwartete, eine britischstämmige Nation, in die sich jeder Teutone mir nichts dir nichts einfinden konnte, solange er schon mal in England gewesen war, der wurde bitter enttäuscht. Denn als überpünktlicher, direkter, stets durchorganisierter Deutscher konnte man hier ganz schön anecken. Trotzdem erwies sich Australien für mich immer mehr als ein aufregendes Land, in dem es vor allem für mich als Journalistin täglich Neues zu entdecken gab. Dieses Land löst selbst in einem so sicherheitsbewussten Menschen wie mir einen wahren Entdeckertrieb aus. So werden hier zum Beispiel noch neue, vollkommen unbekannte Tierarten entdeckt und wir sprechen dabei nicht von irgendwelchen winzigen Mikroorganismen oder einer Insektenart in Millimetergröße.

Im September 2006 entdeckten Wissenschaftler eine neue Schlangenart. Die Gruppe stolperte rein zufällig über die Kreatur. Dr. Mark Hutchinson vom South Australian Museum war mit einer Expedition in einer einsamen Region ungefähr 200 Kilometer nordwestlich des Ulurus unterwegs, als er eine Schlange einfing, die gerade den Weg vor ihm überqueren wollte. Ganz richtig nahm er an, dass das Tier wohl wie die meisten anderen seiner Artgenossen höchstgiftig war und untersuchte es nicht vor Ort. Zusammen mit Exemplaren anderer Spezies schickte er es in einem Sack an das Western Australian Museum in Perth. Erst Wochen später wurde die Sensation dann bekannt. Hutchinson hatte eine neue, bis dahin völlig unbekannte Taipanart entdeckt. Selbst die Wissenschaftler waren überrascht, im 21. Jahrhundert noch eine so große, bislang unbekannte Tierart aufgespürt zu haben. Die neue Schlangenart wurde Central Ranges Taipan bzw. *Oxyuranus temporalis* genannt. Sie ist wohl ebenso giftig wie ihre bekannten Brüder, der Inland- und der Östliche Taipan, die die Liste der giftigsten Schlangen der Welt anführen, doch ganz genau lässt sich das nicht sagen, denn es mangelt an Vergleichsmaterial. Die beiden anderen Taipanspezies kommen in der Sandwüste, in der die neue Art entdeckt wurde, nicht vor.

Der nächste Taipan, der entdeckt und dessen Existenz wissenschaftlich festgehalten wurde, war 800 Kilometer weit entfernt aufgespürt worden. Dieser letzte Taipan – ein Inlandtaipan – wurde vor 125 Jahren beschrieben. Obwohl man nun ja von der Existenz des Tieres wusste, ließ sich bis 2012 nur ein weiterer Central Ranges Taipan auffinden, 425 Kilometer vom Fundort der ersten Schlange entfernt. Aboriginal People hatten die Schlange im Mai 2010 im Great Victoria Desert in Westaustralien für eine biologische Studie eingesammelt.

Während das Thema in der Wissenschaft und immerhin auch unter den journalistischen Kollegen von mir eine gewisse Aufregung auslöste, so wenig interessierten sich meine australischen Freunde dafür. Als ich das Thema bei einem Latte bei meiner Freundin Susan ansprach, winkte sie nur gelangweilt ab. „Another venomous snake? Don't we have enough of them already?" Ja, Giftschlangen gab es tatsächlich ausreichend, aber eine, die bis dahin noch nie entdeckt wurde? So selten wie sie anscheinend vorkam, brauchte man wohl keine Angst vor ihr zu haben. Auf einem Kontinent mit weit über sieben Millionen Quadratkilometern war die Wahrscheinlichkeit, dass Susan von ihr gebissen wurde, doch vernichtend gering. „You never know. You better calculate my odds." Die Wahrscheinlichkeit ausrechnen? Nun musste ich grinsen. „Ich glaube, du kannst beruhigt deinen Kaffee weitertrinken. In den nächsten 125 Jahren wird sicher keine hier in Sydney auftauchen." Damit war das Thema dann auch erledigt. Susan interessierte sich so wenig für neue Giftschlangen wie ich mich für die neueste Hutmode der Queen und des neuen Shooting Stars der Boulevardpresse, Prinzessin Catherine, die sie mir daraufhin genüsslich zum Besten gab. Lang lebe die Königin!

Aboriginal People sind ein weiteres Thema, das mich als Ausländer endlos fasziniert, den Australier selbst aber ebenso kalt läßt wie mich die eben erwähnte Hutmode der Königsfamilie. Ich wusste, dass das Thema mit Samthandschuhen zu behandeln war, doch ich ahnte nicht, wie sehr es wirklich ein Tabuthema war. In Sydney hatte ich wenig Bezug zu den Ureinwohnern des Landes gefunden – außer dem gelegentlichen Didgeridoospieler am Circular Quay. Auf einer Reise nach Alice Springs, wo die Ureinwohner viel gegenwärtiger sind als in Sydney, nahm ich jedoch an, ohne Probleme über sie mit meinen jeweiligen Gesprächspartnern sprechen zu können. Doch was ich lostrat, war eine wahre Schimpftirade, die mich erst erröten ließ und dann so wütend stimmte, dass ich aus Höflichkeit lieber das Weite suchte.

Zugegeben, es ist schwierig, Zugang zu den Ureinwohnern zu bekommen. Auf einem Dreh mit meinem Kameramann Tom trafen wir einmal – rund 200 Kilometer von jedweder Zivilisation entfernt – auf eine Gruppe von elf jungen Aborigines im Alter von sieben bis 20 Jahren. Die Jungs und Mädels standen alle ziemlich verlassen am Wegesrand. Aus ihrem (kleinen) Auto dampfte es. „Um Gottes willen, Tom. Bleib stehen. Die Kinder haben einen Unfall gehabt", rief ich Tom neben mir zu. Dieser schaute mich skeptisch an, trat aber brav auf die Bremse und rollte langsam auf die Gruppe am Straßenrand zu.

Während Tom versuchte herauszufinden, was mit dem Auto passiert war, kletterten fünf der Kids bei uns ins Auto und quetschten sich zwischen mich, den Tonmann Claude und unser Equipment. Claude war zwar nicht groß, dafür aber durchaus stämmig und bedrängt werden wollte er auf keinen Fall. „Wollt ihr etwa mitfahren?", fragte ich und der Junge am Fenster, der eben noch mit Tom gesprochen hatte, grinste mich erfreut an. „Ja, das wäre klasse. In Alice Springs haben wir Verwandte. Die können uns mit einem anderen Auto und Benzin zurückbringen." Daraufhin geriet auch der Rest der Gruppe in Bewegung. Noch mehr versuchten sich ins Innere zu quetschen, zwei machten Anstalten, aufs Dach zu klettern. „Halt!", rief Tom. „So viel Platz haben wir nicht. Wie habt ihr überhaupt zu elft in das andere Auto gepasst?" Das fragte ich mich inzwischen auch ernsthaft. Doch mit Freundlichkeit war da nicht viel zu machen. Unser Auto platzte aus allen Nähten – die gängigen Regeln zur Verkehrssicherheit waren da nicht mehr einzuhalten. Toms Stimme wurde plötzlich streng: „Alle aus dem Auto raus", rief er. Was würde passieren, wenn sie nicht auf ihn hörten, schoss es mir durch den Kopf? Doch Toms Methode funktionierte. Die Kinder quälten sich brav eines nach dem anderen wieder aus dem Auto. Wie die Orgelpfeifen standen sie alle aufgereiht neben dem größten Jungen, mit dem Tom gesprochen hatte und der wohl auch der Fahrer des anderen Wagens war.

Tom sprach weiter mit seiner ernsten Stimme: „Wir nehmen einen oder zwei mit nach Alice Springs, die Hilfe holen können, aber nicht die gesamte Mannschaft." Er kramte nach unseren Wasserflaschen und warf ihnen zwei zu. „Hier, damit ihr mir in der Zwischenzeit nicht verdurstet." „Hast du auch noch Zigaretten?", fragte ein vielleicht 13-Jähriger. Tom tippte sich an den Kopf.

Die anderen Kids hatten in der Zwischenzeit eine hitzige Diskussion begonnen, von der ich zugegebenermaßen kaum ein Wort verstand. Es schien darum zu gehen, wer nun bei uns mitfahren dürfte. Nachdem wir geduldig auf eine Entscheidung warteten, sagte der Älteste plötzlich. „Keiner fährt mit. Wir warten bis andere Aborigines vorbeikommen und fahren dann da mit." „Seid ihr sicher? Ist das hier nicht zu einsam?" Ein gewisser Beschützerinstinkt machte sich in mir breit. Wir konnten hier doch nicht Kinder alleine mitten in der Wüste sitzen lassen. Doch Tom schüttelte den Kopf. „Lass sie. Bei Aborigines herrschen andere Regeln. Der nächste der vorbeikommt, wird ihre Verwandten kontaktieren und die holen sie dann ab. Ab und zu kommt ja einer vorbei." „Wenn sie aber verdursten oder verhungern hier draußen?" Tom lachte: „Keine Sorge, die wohnen ja hier. Die wissen, wo sie im Busch etwas zu essen finden." Er dachte kurz nach und warf dem Großen zwei weitere Wasserflaschen zu. „Sollen wir in Alice Spings jemanden für euch anrufen?" Der Große winkte ab: „Nein, nein passt schon. Fahrt ihr weiter." Im Augenwinkel sah ich noch, wie Claude dem 13-Jährigen eine Zigarette zusteckte, doch dann brauste Tom bereits weiter und ließ die elf Kids in einer roten Staubwolke zurück. Ich sah derweil Claude mit einem mehr als strafenden Blick an, doch dieser tat, als sei nichts gewesen.

Ich selbst dachte den Rest der Fahrt über unser Erlebnis nach. Nach wie vor beschäftigte mich die Sorge, Kinder mitten im Nichts zurückgelassen zu haben, doch nebenbei ging es mir durch den Kopf, wie anders die Kinder gewesen waren. Wie hatten sie zu elft in das kleine Auto gepasst? Waren welche im Kofferraum gefahren? Von Anschnallen war da mit Sicherheit keine Rede gewesen. Wo waren ihre Eltern? Wussten sie, dass die Kinder mit einem vielleicht Achtzehnjährigen unterwegs waren? Wo würden sie heute Nacht schlafen? Tom schaute mich von der Seite an und grinste. „Dir gehen die Kids nicht aus dem Kopf? Die sind okay, Aborigines sind anders drauf als wir, glaub' mir. Irgendwelche Verwandten werden in den nächsten paar Stunden vorbeikommen und sie aufsammeln." Ich nickte, sagte jedoch nichts. Die folgenden Tage verfolgte ich aber die Nachrichten, um sicherzustellen, dass nicht elf Kinder im Outback vermisst oder verdurstet aufgefunden worden waren.

Alles, was mit den Ureinwohnern zu tun hattte, faszinierte mich. Und diese Faszination wuchs je mehr mir bewusster wurde, wie anders sie doch waren: ihr Weltbild, ihre Traditionen und Ansichten.

Ich sog jedes Gespräch mit einem Ureinwohner wie ein Lebenselixier auf. Als ich einmal einen Stammesältesten interviewte, berichtete der von wundersamen Weisheiten, die uns Weißen einfach verborgen blieben. Niemand konnte über Google finden, wie grüne Ameisen sich in ein Gebräu gegen Erkältungen verwandeln ließen oder welcher Eukalyptusbaum ein Harz hatte, das wie ein Sprühpflaster wirkte. „Wir können das Land lesen und auch, wie Tiere sich an neue Situationen gewöhnen. Wir brauchen keine Barometer oder andere Instrumente, um zu wissen, wann es regnet. Ich schaue die Insekten an und kann Regen Wochen im Voraus vorhersagen", erzählte er.

Doch je mehr wir Deutschen über die faszinierenden Ureinwohner und ihre vielen Stämme wissen möchten, desto weniger sprechen die restlichen Australier über die halbe Million Ureinwohner im Land. Vielleicht weil sie selbst nicht wirklich viel wissen, vielleicht weil sie ihnen eher ein Dorn im Auge sind und vielleicht weil viele von Vorurteilen und Klischees geschädigt sind und damit die Kluft zwischen Weiß und Schwarz immer noch beachtlich groß ist. Auf alle Fälle so groß, dass das Thema nicht zum Smalltalk auf Dinnerpartys geeignet ist.

Anders ist es dagegen mit dem Thema der Sträflinge. Mein Eindruck ist, dass Australier, die ihre Vorfahren auf einen Sträfling zurückverfolgen können, besonders stolz darauf sind. Wobei ich bisher immer nur von solchen gehört habe, deren Vorfahren für Bagatellvergehen, wie das Stehlen von Brot, ins ferne Australien verbannt wurden. „Mein Urururgroßvater hatte fünf Brötchen geklaut, da schickten sie ihn auf einem Schiff hierher. Er war erst 16 Jahre alt", erzählte mir Terry, ein Kollege von Michael. Als ihm im Urlaub mal langweilig gewesen war, hatte er in den Hyde Park Barracks, einem Museum an Sydneys historischer Macquarie Street, nachgeforscht und war tatsächlich fündig geworden. „Am Anfang konnte ich es kaum glauben, aber dann habe ich immer mehr nachgegraben und fand auf dem Dachboden bei meinen Eltern noch alte Unterlagen und sogar einen Brief seiner Eltern." Ich war ebenso fasziniert wie Terry und marschierte in der Woche darauf in das Museum, um seine Geschichte nachzuprüfen. Und tatsächlich fand ich seinen Urururgroßvater und die Geschichten von vielen anderen.

Interessieren würde mich nun noch, wo die Nachfahren derjenigen sind, die Banküberfälle und Mord zu verantworten haben. Waren das auch alles Verbrecher geworden, die jetzt einsaßen oder irgendwo ihr Unheil trieben oder doch harmlose Bürger, die beim Finanzamt arbeiteten? Mit dieser Vergangenheit brüstete sich wohl keiner gerne. Würde ich an ihrer Stelle vielleicht auch nicht machen. Zugegebenermaßen waren die meisten der Sträflinge auch eher aufgrund von „Vergehen" verbannt worden, die aus Armut und Not heraus geboren waren. Dazu gehörte der Diebstahl von Brot, anderen Nahrungsmitteln oder Kleidungsstücken. Sowohl Sträflinge als auch die ersten Auswanderer hatten es nicht immer leicht gehabt, auf dem noch unerschlossenen neuen Kontinent zu überleben. Entbehrung und Verzicht waren alltäglich für sie.

Die Begeisterung der Australier für den Erfolg eines Underdogs, muss von diesen historischen Anfängen des Landes stammen.

Kapitel VIII

Vom Wurstbrot zum Meat Pie

Heute ist die Situation auf den Kopf gestellt. Australien ist das *Lucky Country*, das glückliche Land, das durch Rohstoffexporte und die harte Arbeit seiner Einwanderer aus aller Herren Länder reich geworden ist. Australien hat heute eine hochwertige, diversifizierte Küche, die sich durch die Einwanderer aus Europa und Asien stetig weiter verfeinert hat. Unsere Freunde bewirten uns bei Einladungen bei weitem nicht nur mit Steak vom Grill. Da gibt es ausgefallene Couscoussalate, vietnamesische Teigtaschen oder Huhn mit marokkanischen Gewürzen. Und zum Trinken, was einem gerade schmeckt. Denn Australier sind auch beim Kulinarischen recht relax. Vielleicht schmeckt es deswegen so gut.

Als ich einmal für einen Artikel über die Küche des Fünften Kontinents mit dem Starkoch Neil Perry sprach, erklärte er mir, dass die meisten Australier zum Beispiel kein Problem damit hätten, einen Cabernet oder Shiraz zum Huhn zu trinken, obwohl sie schon die „Welcher Wein passt zu welchem Essen"-Regeln kennen würden. „Aber sie essen eben eher, was ihnen schmeckt und da es keine festgesetzten kulturellen Regeln dafür gibt, haben sie auch kein Problem damit, neue und interessante Dinge auszuprobieren", schmunzelte der Starkoch, der es selbst genauso relax hält wie der Otto-Normalverbraucher. So war er auch beim Interview unkompliziert und sagte schon bei meiner Anfrage umgehend zu, ohne sich lange bitten zu lassen.

Feste Regeln, die beim Essen oder Wein fehlen, gibt es dafür jedoch beim Bier. Aber nur beim Trinken, nicht bei der Herstellung. Oh, nein! Unser Reinheitsgebot gilt sicherlich nicht Down Under. In Deutschland darf seit dem Jahre 1516 nichts außer Wasser, Hopfen, Malz und Hefe ins Bier, doch der Australier ist da deutlich entspannter und ist auch ohne Reinheitsgebot ziemlich stolz auf sein Gebräu. Das ist so eine Sache mit diesem Nationalstolz. *Made in Australia* ist eines der Hauptwerbemittel von einheimischen Gütern. Australier sind unverhältnismäßig stolz auf alles, was ihrem kargen Land entspringt. Villeicht liegt es daran, dass dem Kontinent im Ausland so wenig Aufmerksamkeit geschenkt wird. So erstaunt es nicht, dass die folgende Pressemitteilung eine kleine Rebellion hervorrief:

Eine Mitarbeiterin eines bayerischen Cafés (das ironischerweise einem Hamburger gehört) ging vor einigen Jahren an die Öffentlichkeit und wagte es doch tatsächlich zu behaupten, deutsches Bier würde besser schmecken als australisches und zudem den Kopf am nächsten Tag in besserem Zustand zurücklassen. Das konnten die stolzen australischen Bierbrauer nun nicht auf sich sitzen lassen. Vermutlich mit Recht fühlten sie sich ganz schön auf den Schlips getreten und die australische „Malt Shovel Brewery" behauptete, dass die vier Zutaten des deutschen Bieres bei weitem nicht das Ergebnis erzielen würden, was ihr eigenes Rezept verspreche. Sie selbst würden zusätzlich zu den Standardzutaten noch zwischen drei und 30 Prozent Rohrzucker beigeben, um das Bier dünnflüssiger und durstlöschender zu machen. Das wäre für das australische Klima eine optimale Kombination.

Nun ja, Tradition hat das Bier der Malt Shovel Brewery ebenso wie das deutsche, wenn auch ein paar Jahrhunderte weniger. Das James Squire benannte Bier dieser Brauerei erhielt seinen Namen nach dem Sträfling James Squire, der mit der Ersten Flotte 1788 auf den Fünften Kontinent kam und der erste Braumeister Australiens wurde. Was wieder einmal beweist: Hier kann auch der *Underdog* ziemlich groß raus kommen.

Aber zurück zum Streit ums Bier. Wer da nun Recht hat und wer nicht, das konnte ich persönlich nicht wirklich entscheiden, denn, ja ich gebe es zu – ich bin wohl der einzige Bayer, der Bier hasst. Ein Kompliment muss ich den australischen Bieren aber machen. Denn auch wenn ihre Rezeptur sicher nicht so rein ist wie die deutsche (und es in meinen Augen trotzdem genauso bitter schmeckt), bei der Namensgebung sind sie deutlich kreativer. Da gibt es ein *Barefoot Radler Beer*, wohl für barfüßige Radler bestens geeignet oder ein *Fat Yak*, dem fetten Yak gewidmet, in das sich der Trinkende bei übermäßigem Genuss dann auch verwandelt.

So ungezwungen die Herstellung von Bier ist, so streng sind jedoch die Trinksitten, die sich um das flüssige Gold ranken. Vor allem beim Servieren darf man sich keine Fehler erlauben. „We might pop the beer back into the fridge for a little while." Diesen Satz hörte ich am Anfang ziemlich häufig von Freunden. Lauwarmes Bier? Nicht lange genug im Kühlschrank gewesen? Das ist Australiern ein absoluter Gräuel, ein unverzeihlicher Fehler. Für mich war die notwendige Kühle des Bieres jedoch eine Novität. Was, Bier sollte nicht laukalt oder gar lauwarm sein? Hatten meine Eltern nicht immer einen Flaschenwärmer im Restaurant mit dazubestellt mit der Begründung: „Kind, man soll doch nicht kalt trinken"? Bei Australiern dagegen löst die Idee eines Flaschenwärmers Albträume aus. Bier muss eiskalt sein und statt im Flaschenwärmer steckt es im *Stubbyholder* (eine Art Bierflaschenschutz), damit der Biertrinker die eisige Flasche auch gemütlich halten kann, ohne sich Frostbeulen an den Fingern zu holen. Die Bierkultur ist also definitiv ausgeprägt und doch kann man sich mit dem beliebten Nass nicht überall blicken lassen.

An vielen öffentlichen Orten sind alkoholische Getränke im Freien strengstens verboten. Auch im Supermarkt werden sie nicht so einfach angeboten. Wer Alkohol einkaufen will, muss das im sogenannten *Bottle Shop* machen und darf die gekaufte Flasche dann auch nicht zur Schau stellen. Stattdessen wird sie dezent in einer braunen Papiertüte über den Counter gereicht. Alkohol kaufen – ja gut, aber sich öffentlich damit zeigen, das geht dann zu weit. Doch in den braunen Tüten wird das Bier salonfähig und läßt sich so schick verpackt dann auch problemlos mit ins Lokal bringen. In den meisten Lokalen gilt nämlich das *bring-your-own*-Prinzip, wo der Gast seinen eigenen Alkohol mitbringen darf – und damit natürlich auch Bier. Allerdings ist die Korkengebühr manchmal nicht zu unterschätzen. Doch das mitgebrachte Bier – oder in meinem Falle eher der Wein – wird einem ganz selbstverständlich vom Kellner geöffnet und serviert. In einem Beitrag für eine Reiseshow mit Jörg Pilawa musste ich die Mitspieler im Quiz einmal an der Nase herum führen. Ich sollte die Biersitten Down Unders vorstellen und das für Deutsche schwer vorstellbare *bring your own* war eine davon. Damals behauptete ich zudem, dass die positive Wirkung von Bier auch in der Psychotherapie, insbesondere in der Paartherapie in Australien eingesetzt werde und dass es sich dabei um eine seit über 20 Jahren erfolgreiche Methode – die sogenannte *beer for love*-Therapie – handle. Durch gezielt eingesetzten Bierkonsum würden sich zerstrittene Ehepartner gegenseitig wieder schön trinken, natürlich ausschließlich unter therapeutischer Aufsicht. Ha, ha! Schön, wenn das denn funktionieren würde.

Die Paartherapie war Humbug, doch wahr ist dagegen das Feierabendbierchen im Büro, das sogenannte *beer o'clock*, wo der Australier also noch in der Firma zur Flasche greift. Freitagabend sitzt Michael meist noch während der Arbeitszeit mit seinen Kollegen im Besprechungsraum und trinkt auf Kosten der Firma sein Feierabendbier. In Australien ist die Welt eben noch in Ordnung, sagt er dann meist, wenn er mit leicht glasigen Augen nach Hause kommt und ich mich aufgrund des nicht immer dezenten Biergeruches dann auch immer dezent zur Seite neige, damit sein Begrüßungskuss verrutscht. Denn Biergeruch kann ich noch weniger leiden als Biergeschmack.

In Australien wird gerne und viel getrunken und das sogenannte *Binge Drinking* ist vor allem bei Jugendlichen eine beliebte Freizeitaktivität. Zu trinken bis zum Gehtnichtmehr, schon betrunken zu sein, bevor man überhaupt das Haus verläßt, um dann im Pub, Nachtclub oder in der Disko weiterzutrinken, ist weit verbreitet. Ein Kollege von mir erhielt einmal mitten in der Nacht einen Anruf der Polizei: „Wir haben Ihre Tochter schlafend im Straßengraben gefunden. Kommen Sie sie bitte abholen." Als mein Kollege ankam, um seine 18-jährige Tochter abzuholen, schlief die immer noch ihren Rausch aus. Er zuckte nur mit den Schultern, als er mir die Geschichte erzählte. „Was soll ich machen? Wenn ich ihr das Ausgehen oder Trinken verbiete, macht sie es nur heimlich. Ich hoffe, dass sie aus ihrem Erlebnis mit der Polizei lernt und es nicht nochmal macht. Das ganze war ihr am nächsten Tag doch reichlich peinlich, nachdem sich alle ihre Freunde über sie lustig gemacht haben. Das ist besser, als wenn ich schimpfe." Immerhin haben die Australier ein Produkt erfunden, das den stärksten Kater am nächsten Tag in die Flucht schlägt. Das Geheimrezept heißt Butterbrot mit Vegemite.

Vegemite ist der schon erwähnte extrem salzige Brotaufstrich, der aus Heferückständen produziert wird und den normale Ausländer, so wie ich einer bin, nicht über die Lippen bringen können. Eine der wenigen Ausnahmen ist Michael, der, in seinem Versuch alles und jeden in Australien nett und gut zu finden, selbst Vegemite-Sandwiches mit einem Lächeln auf den Lippen verzehrte. Australier wachsen vom Babyalter an mit Vegemite auf und können meist nicht ohne. Entwickelt wurde das Produkt in den frühen 1920er Jahren von Fred Walker und dem Lebensmittelchemiker Cyrill Callister. Interessanterweise mussten aber auch die Australier erst auf den Geschmack kommen. Es dauerte 14 lange Jahre, in denen Fred Walker intensives Marketing betrieb und Vegemite sogar umsonst vergab, bis die Australier anfingen, das Produkt zu kaufen. Der Durchbruch kam dann Mitte der 1930er Jahre, als Vegemite plötzlich als wichtige Vitaminquelle erkannt wurde, da es viel Vitamin B enthält. Heute ist es in jedem australischen Haushalt zu finden und die meisten Kinder haben sogar als Pausenbrot ein Vegemite-Sandwich dabei.

Als ich noch nicht wusste, wie Vegemite schmeckt, hatte ich mir unvorsichtigerweise einen ganzen Löffel davon in den Mund gesteckt. Der Effekt trat sofort ein – meine Geschmacksnerven schienen im Mund beinahe zu explodieren und der extrem salzige, Maggie-ähnliche Geschmack trieb mir die Tränen in die Augen. Beinahe hätte ich mich übergeben, doch dann fand ich noch rechtzeitig eine Serviette, in die ich alles schnell wieder ausspuckte. Michael, der das ganze „Experiment" beobachtet hatte, reichte mir damals wortlos (und netterweise ohne den Kopf zu schütteln) ein Glas Wasser. Heute steht zwar auch bei uns ein Vegemite-Glas im Kühlschrank, und Michael greift auch alle Jubeljahre einmal darauf zu, doch ich persönlich vermeide es nach meinem ersten und einzigen Versuch, die braune, klebrige Masse überhaupt nochmal anzuschauen. Da esse ich lieber eine Handvoll Sonnenblumenkerne am Tag, um meinen Vitaminhaushalt zu pflegen.

Auch mit dem meisten *Bush Tucker* bin ich bisher – trotz meines Interesses an den Ureinwohnern – vorsichtig gewesen. *Bush Tucker* sind Nahrungsmittel, die in der freien Natur vorkommen und nicht bewusst angebaut werden. Die Aboriginal People haben sich jahr-tausendelang von *Bush Tucker* ernährt und so langsam verirren sich immer mehr der Früchte und Gewürze auch in die moderne australische Küche. Trotzdem kann man die meisten Zutaten nicht so einfach im Supermarkt kaufen, sondern nur in speziellen Geschäften oder über Webseiten. Im Supermarkt erhältlich sind aber Kängurufleisch und Makadamianüsse, die von Australien aus auch in den Rest der Welt exportiert werden. Neugierig wäre ich, die einheimische Pfirsichfrucht Quandong, Buschtomaten oder Salt Bush zu probieren, doch den meisten dieser einheimischen Delikatessen ist nicht so einfach beizukommen. *Old Man Saltbush*, so heißt das Outback-Gemüse, das im Zentrum Australiens kein seltener Anblick ist. Der Busch mit seinen grau-blauen Blättern wird bis zu drei Meter hoch und fünf Meter breit und soll – angebraten mit Öl und Knoblauch – eine leckere, salzige Beilage zum Steak sein. Die Ureinwohner haben früher die Samen gemahlen und geröstet und so ihr Damper gewürzt.

Damper ist sozusagen das Outback-Brot, das ich etwa drei Stunden nördlich von Sydney beim Zelten an den Myall Lakes zum ersten Mal probiert habe. Die Gegend hat etwas Archaisches und auch wenn mich jeder echte Australier dafür auslacht, für mich ist das schon fast der Busch.

Als also einige Camper ein Lagerfeuer anzündeten und uns zum Damper backen einluden, konnte ich meine Begeisterung nicht verhehlen. Einer der älteren, ein Australier, der so aussah wie ich mir Australier vorgestellt hatte als ich Australien nur aus Crocodile Dundee-Filmen kannte, fühlte sich zum Leiter der Damper-Aktion berufen. Er nahm seinen Akubra-Hut ab, wischte sich kurz die Stirn mit einem nicht mehr ganz sauberen Taschentuch ab und rückte den Hut wieder zurecht. Sein sonnengegerbtes Gesicht war tief zerfurcht, doch seine Augen zwinkerten lebhaft und gaben ihm ein fast jugendliches Aussehen. Er räusperte sich: „Also Leute. Ich bin Mick. Nett euch alle kennenzulernen." Auch das noch. Jetzt hieß der auch noch wie Crocodile Dundee. Ich konnte mir ein Grinsen nicht verkneifen. „Wer von euch hat schon mal Damper gebacken?" Nur zwei Hände gingen nach oben. Wir waren also nicht die einzigen Unwissenden.

Mick erklärte, dass Damper ein sehr altes, traditionelles Gericht sei, das schon die frühen Siedler in Australien über ihren Lagerfeuern gebacken hätten. „Im Prinzip reicht es, wenn ihr etwas Mehl, eine Flocke Butter und Milch mischt und zu einem weichen, luftigen Teig verknetet. Die Masse rollt ihr dann locker um einen Stock." Soweit so gut. Die ersten Schritte waren einfach. Doch schwierig wurde es, das Brot so geschickt über dem Feuer zu halten und dabei leicht zu rotieren, dass alle Seiten gebacken wurden, keine roh blieb und keine verbrannte. Michael schaffte das kleine Kunststück und mit einer weiteren Flocke Butter knabberten wir unser frisch gebackenes Brot vom Stock ab. Sogar unser Ersatz-Crocodile Dundee nickte ihm anerkennend zu.

Michael entwickelte sich erstaunlich schnell zu einem Experten für die Leibspeisen der Australier. In ihm steckte wohl tatsächlich ein verkappter Aussie, der Vegemite liebte, Damper auf Anhieb backen konnte und Steak zur Perfektion briet. Denn Letzteres ist ein weiteres Lieblingsessen des Australiers und damit auch eines von Michael. Der Trick das Steak innen noch schön rosa, aber nicht mehr bluttriefend hinzukriegen, ist aber gar nicht so schwierig: Drei Minuten auf jeder Seite braten und anschließend vier Minuten im Ofen bei ca. 200 Grad weiter garen, funktioniert zum Beispiel bestens. Und vor dem Essen sollte das Fleisch noch ein wenig ruhen, dann ist es besonders weich und saftig.

Nachdem Michael mit seinen Tricks nicht so recht herausrücken wollte, habe ich mir diese Vorgehensweise von einer der unzähligen Kochsendungen abgeschaut, die zu jeder Tages- und Nachtzeit im australischen Fernsehen zu laufen scheinen. Denn wenn Australier sich für etwas begeistern, dann machen sie es richtig.

Noch vor wenigen Jahrzehnten war der Kaffee in Down Under eine eher ungenießbare Brühe, doch heute gibt es kaum ein Land, das besseren Kaffee macht als Australien. Die Barristas – so heißen die Kaffeeexperten in den Restaurants und Cafés – kreieren noch kleine Kunstwerke auf ihren Lattes und Flat Whites bevor sie sie ihren Gästen servieren. Herzen und Blätter sind an der Tagesordnung und so mancher verkappte Picasso rührt sogar ein Gesicht in den Milchschaum. Nachdem die Australier den Kaffee perfektioniert hatten, stürzten sie sich vor einigen Jahren aufs Essen. So entwickelten sich aus den britisch geprägten, langweiligen Gerichten wie *Meat Pies* (Fleischkuchen), *Sausage Rolls* (Wurstrollen), *Baked Beans* (gebackenen Bohnen) und *Fish and Chips* (Fisch mit Pommes) viele neue Gerichte. Italienische, griechische und asiatische Einflüsse verfeinerten das Essen und heute ist jeder zweite Australier ein *Foodie* – so scheint es. *Foodie* ist das nicht ganz so edle Wort für Gourmet. Bei allem Perfektionismus bleiben die Aussies doch ganz locker, wenn sie beim Barbecue ihre Couscoussalate, die vietnamesischen Teigtaschen oder das Huhn mit marokkanischen Gewürzen servieren.

Kapitel IX

Der Ernst des Lebens

Nachdem ich unser Alltagsleben einigermaßen organisiert hatte, war ich nun ziemlich scharf darauf, einen Job zu finden, den ich nebenbei ausüben konnte. Als Journalistin saß ich meist daheim allein am Computer und oft musste ich bis zu zehn Artikel schreiben, bis endlich eine Redaktion anbiss. „Australien ist leider zu weit weg für den deutschen Leser." „Leider arbeiten wir nach Themenschwerpunkten. Da passt ein Thema vom Ende der Welt selten hinein." „Vielen Dank für Ihr Angebot, aber leider hatten wir ein Australienthema bereits im vergangenen Jahr." Und manche Redaktionen oder Buchverlage reagierten überhaupt nicht. So viel Spaß mir die Arbeit auch machte, ich brauchte einen Zweitjob. Um mehr Geld zu verdienen, aber auch um mal aus meinem Kämmerchen rauszukommen. Außerdem wollte ich auch erleben, wie sich Arbeiten in Australien wirklich anfühlt. Ich meldete mich bei mehreren Agenturen an und nachdem ich einige Angebote für Übersetzungen bekam und eines, mich in einem Hühnerkostüm an den Straßenrand zu stellen und Broschüren zu verteilen (Marketing nennt sich das), kam tatsächlich etwas Brauchbares ins Haus geflattert. Eine Hotelbuchungswebseite brauchte jemanden, der die Webseite für den deutschen Markt gestaltete und zudem die gesamte deutsche PR-Arbeit übernahm. Ich sagte zu und teilte mir den Job mit einem jungen deutschen Mann, der aus dem Marketingbereich kam.

Julius war nicht ganz zufällig in Australien gelandet. Auf Reisen hatte er sich in eine Australierin verguckt und nach einer jahrelangen Fernbeziehung gaben sie der Sache nun eine ernsthafte Chance. Julius versuchte deswegen auch beruflich in Australien Fuß zu fassen. Die Hotelbuchungswebseite gehörte einem Russen und die gesamte IT-Abteilung bestand ebenfalls aus Russen. André war ein guter Chef. Er war immer nett und gut gelaunt, hatte eine eher sanfte Ader und sprach mit einem schroffen Akzent, der sich anhörte, als würde er nebenbei Holz hacken. Seine Geschichte war eine dieser typischen

Neue-Welt-Geschichten, die man nur aus Amerika oder eben Australien hört. Er erzählte sie gerne, mit einem stolzen Unterton, aber ohne jede Arroganz. Und seine Erfolgsgeschichte hätte wirklich in einen kitschigen Hollywoodfilm gepasst. Nachdem er 1958 in der Ukraine geboren worden war und eine Zeitlang in Sibirien gelebt hatte, erkämpfte er sich schließlich einen Studienplatz im Wirtschaftsbereich mit Schwerpunkt auf Elektrizitätswerke in Moskau. „Ich konnte mich jedoch nicht mit dem kommunistischen Regime anfreunden und merkte schnell, ‚wenn du was aus deinem Leben machen willst, musst du hier weg‘“, erzählte er mir mal bei einer Tasse Kaffee im Gemeinschaftsraum.

1990 – kurz vor dem Ende der Sowjetunion – wagte er schließlich zusammen mit seiner Frau und der damals sechsjährigen Tochter die Flucht: Fest entschlossen, in einem anderen Land eine Firma zu gründen, ganz egal in welchem Bereich. Doch der Start war alles andere als leicht. Die Familie landete in einem Auffanglager für Flüchtlinge in Italien und erst der jüdisch geprägte Background der Familie eröffnete ihm den Weg nach Australien. „Ich sprach kaum ein Wort Englisch, in Australien herrschte damals Rezession und mein Diplom interessierte niemanden. Doch ich gab nicht auf.“ André biss sich auf die Unterlippe und hob die Stimme leicht an. „Nein, ich ließ mich nicht unterkriegen und ich war mir für nichts zu schade. Untertags habe ich Englisch gebüffelt und nachts Pizzen ausgeliefert, um den Lebensunterhalt für meine Familie zu verdienen.“ Ich verbrannte mir die Zunge an meinem viel zu heißen Kaffee, doch seine Geschichte faszinierte mich so sehr, dass ich es kaum bemerkte. „Und dann? Wie hast du es geschafft?“ Ich deutete weit ausschweifend auf das Büro mit seinen über 80 Mitarbeitern. „Ich habe einen australischen Reiseveranstalter kennengelernt, der den russischen Markt erschließen wollte, und der Stein kam ins Rollen.“ Innerhalb von zwei Jahren brachten die beiden mehr russische Urlauber auf den fünften Kontinent als irgendein anderer zuvor.

1996 machte André sich dann selbständig und sein Plan, Hotelzimmer online zu verkaufen, ging auf. „Ich nahm den Dotcom Boom mit und boom – wurde ich zum Millionär.“ Andrés Englisch war immer noch ein wenig einfach strukturiert, doch das täuschte nicht über das Genie hinweg, das in ihm steckte. Ich machte ihm ein Kompliment, dass er es geschafft hatte zur richtigen Zeit am richtigen Ort zu sein. André schaute verlegen in seine Kaffeetasse, als wäre sein Erfolg etwas, wofür er sich schämen müsste. Dann legte er die Füße auf einen Stuhl, grinste und sagte: „Ich hatte wohl eine Menge Glück. Doch meine Ehe ging auch in die Brüche. Ich saß zu viele Nächte mit meinen russischen Landsleuten hier in der Firma, um Buchungsmaschinen, Funktionalitäten und so weiter auszutüfteln. Irgendwann war das meiner Frau zu viel und sie war weg. Aber ich lebe alleine auch ganz gut. Solange es meiner Tochter gut geht, ist alles bestens." Er lächelte. André ist einer der gutmütigsten Menschen, die ich kenne. Und er investierte sein Geld auch nicht in Designerklamotten oder anderen teuren Schnickschnack. Er bezahlte seiner Tochter eine gute Schule und ihr Studium und sponserte mit seiner Firma etliche andere Ausländer, unter anderem auch Julius, der sein Visum lieber über die Arbeit als über die Liebe bekommen wollte. In Australien unterscheidet man zum Beispiel zwischen Visa, die man bekommt, weil man beruflich qualifiziert ist, weil einen ein Arbeitgeber sponsert und einem Partnervisum, das man beantragen kann, wenn man in einer festen Beziehung mit einem Australier lebt oder einen Australier heiratet.

Mit André kam ich von Anfang an gut klar und obwohl er ein ganzes Stück älter war als ich und ich neu im Land war, behandelte er mich ebenbürtig. Auch mit meinem Kollegen Julius lag ich auf einer Wellenlänge.

Schwieriger wurde es dagegen mit den ganzen jungen Australierinnen, die im Verkaufsbereich arbeiteten. Sie kamen wie die meisten Australier, die in der Innenstadt – dem Central Business District – arbeiteten, sehr schick zur Arbeit. Mit Jacket und elegantem Rock, mit hochhackigen Stilettos. Diese trugen sie zunächst noch in der Handtasche und zogen sie erst kurz vor Betreten der Firma an. Denn auf der Straße rannten die meisten noch in bequemen Slippers herum, ein Anblick, an den ich mich schwer gewöhnen konnte. Oben hui, unten pfui – oben elegantes Kostüm und unten abgelatschte Turnschuhe. In der Firma stimmte der Look dann aber wieder. Haare und

Make-up waren ebenfalls gestylt und falscher Schmuck klimperte an ihren Armen und Ohrläppchen. In München gab es ja auch viele schicke Leute und ich hatte bis dahin ebenfalls gedacht, dass ich mich gepflegt und einigermaßen elegant kleidete, aber meine Kolleginnen waren mehr als schick. Wäre ich unfreundlich, hätte ich aufgetakelt gesagt, doch es schien einfach üblich, sich für die Arbeit etwas mehr zu stylen. Auch Michael musste schließlich jeden Tag – bis auf den *Casual Friday* (den „legeren Freitag") – im Anzug und mit Kravatte erscheinen.

Meine Kollegin Kylie war mit Abstand eine der schicksten. Sie war schlank und hatte langes dunkles Haar und war so etwas wie eine Trendsetterin für die anderen Mädchen. Kam sie mit einer neuen dunklen Sonnenbrille ins Büro, so konnte man es abwarten, bis der Rest ihrer Freundinnen ihr ebenfalls nacheiferte. Ihre Lieblingsthemen waren Mode und Kosmetik und ich konnte nicht wirklich mithalten. Ich benutzte seit Jahren ein und dieselbe Marke – aus Angst vor Allergien und weil ich zu faul war rumzuprobieren. Und Designerklamotten hatte ich noch nie gekauft. Insgesamt mied ich die riesigen Einkaufszentren, in denen ich mich meist nur verlief oder mein Auto nicht wiederfand. Trotzdem wollte ich mich zu gern mit meinen neuen Kolleginnen anfreunden. So fragte ich sie, ob sie mit zum Mittagessen gehen wollten und erhielt prompt eine Abfuhr. Kylie war dabei nicht unfreundlich. Sie sagte nur, sie hätte ihren Lunch dabei und würde ihn in der Gemeinschaftsküche aufwärmen. Trotzdem waren meine Gefühle verletzt. Abends erzählte ich dann Michael, dass niemand mit mir in die Mittagspause gehen wollte. „Bei der „Bavaria Film" ist immer die halbe Redaktion zusammen gegangen. Niemand wäre da allein in die Kantine gegangen", beschwerte ich mich. „Mhm, ich gehe mittags auch meistens alleine raus. Viele holen sich nur ein Sandwich und arbeiten dann weiter und manche gehen über Mittag ins Fitnessstudio." „Und, macht dir das nichts aus?", fragte ich ihn. „Nein, ich bin froh, mal für eine Stunde meine Ruhe zu haben", sagte er.

An den folgenden Tagen brachte ich mir selbst ein Sandwich mit und begab mich in Beobachtungsstellung. Tatsächlich verschwanden die meisten auf eine halbe Stunde oder Stunde, aber keiner fragte, ob jemand mitwolle. Die Tradition, gemeinsam in die Mittagspause zu gehen, schien hier also nicht üblich zu sein. Auch als ich zum Einstand zwei selbst gebackene Kuchen mitbrachte, schauten mich alle eher komisch von der Seite an. Einen Erfolg konnte ich verbuchen, als ich die Kuchen als typisch deutsche Backkunst verkaufte. Ich stellte sie in den Gemeinschaftsraum und hängte einen Zettel daran mit „help yourself – great German cake". Tatsächlich kam ich dadurch sogar mit einigen Kollegen ins Gespräch, die mich vorher noch keines Blickes gewürdigt hatten. Und mit einigen ergab sich daraufhin häufiger ein kleines Schwätzchen. Eine ältere Schottin plauderte gerne mal mit mir über „good old Europe" und ihr Heimweh nach Familie, Regenwetter und guter britischer Tradition. Und eine junge, dynamische Marketingmanagerin aus Singapur setzte sich ebenfalls gerne zu uns, wenn wir eine kurze Kaffeepause einlegten. Die beiden hatten ebenfalls wenig zu den Themen der neuesten Lippenstiftfarbe und des neuen Top-Designers beizutragen und so fanden wir uns zusammen und redeten über unsere Heimatländer, aber auch über Gott und die Welt und manchmal sogar über Lippenstifte und Mode.

In der Anfangszeit war ich davon überzeugt, dass die jungen Mädels die Durchschnittsaustralierin verkörperten, denn den etwas schrillen Ton in der Stimme hörte ich auch auf der Straße ziemlich häufig und in der Innenstadt liefen ja tatsächlich alle so gestylt herum. Heute denke ich, dass es eher etwas mit dem Alter der Mädels zu tun hatte, die doch alle fünf bis zehn Jahre jünger waren als ich, oft frisch aus der Schule kamen und per se weniger Überschneidungspunkte mit mir hatten. Erstaunt war ich dann aber doch, als ich die Stilikone Kylie durch Zufall mal morgens beim Brötchenholen traf. Während ich als typische Münchnerin nie ungeschminkt aus dem Haus trat, war Kylie mit verwuschelten Haaren und im Trainingsanzug unterwegs. Hätte sie mich nicht gegrüßt, ich hätte sie nicht erkannt. Ich ließ mir mein Erstaunen aber nicht anmerken. „Wohnst du auch hier in der Nähe?" „Nein, ich hab nur bei einem Freund übernachtet." Sie kaufte ein Sechserpaket Rosinenbrötchen und dampfte wieder ab.

Die Wandelbarkeit der Australierin bewundere ich bis heute. Privat gehen Australierinnen oftmals in einem Zustand aus dem

Haus, in dem ich nicht einmal an die Tür gehen würde. Für den Job sind sie dann aber top gestylt und wenn sie abends ausgehen oder gar zu einem Pferderennen unterwegs sind, dann kann die schickste Müchnerin nicht mehr mithalten. Glitzernde Kleider, tiefe Ausschnitte, Hüte mit Federn, Blumen oder Schleiern, ein aufwendiges Make-up und gigantisch hohe Stöckelschuhe bestimmen dann plötzlich das Outfit.

Außer meinen australischen Kolleginnen hatte ich auch einen australischen Supervisor – mindestens fünf Jahre jünger als ich und stolz auf seine Position. Während André als Geschäftsführer der Firma immer ansprechbar und freundlich war, war der Nachwuchs-Vorgesetzte eher unnahbar. Aufträge übermittelte er mir eigentlich nur über meinen Kollegen Julius. Mit mir persönlich wechselte er dagegen kaum drei Worte. Zunächst wunderte ich mich über diese offensichtliche Diskriminierung, ja sie erzürnte mich geradezu. Man sprach nur von Mann zu Mann. Doch je länger ich im Land war, desto mehr erkannte ich, dass ich mir hier eine härtere Schale zulegen musste und sein Verhalten nicht gegen mich persönlich gerichtet war. Er war es gewöhnt, eher von Mann zu Mann zu sprechen und war – kaum dass wir einmal ins Gespräch kamen – freundlich und sogar zuvorkommend. Doch bei der Arbeit selbst nahm er Julius offenbar ernster. Das wurmte mich sehr und trotzdem waren meine Erfahrungen eher harmlos.

In anderen Firmen ging es da deutlich rauhbeiniger zur Sache und vor allem in der Politik kannten die Geschlechter keine Gnade miteinander. So beschimpfte ein liberaler Politiker eine Journalistin, die es wagte, eine kritische Frage zu stellen einmal als „Kuh" und Julia Gillard, die erste weibliche Premierministerin Australiens, sah sich wiederholt mit frauenfeindlichem Verhalten konfrontiert. Vor allem ihr politischer Gegner, Oppositionsführer Tony Abbott, ließ regelmäßig frauenfeindliche Kommentare fallen („Falls es stimmt, dass Männer mehr Macht haben als Frauen, mal ganz allgemein gesprochen, ist das denn eine schlechte Sache?" „Abtreibung ist der einfache Weg hinaus."). Als sie 2012 eine feurige und sarkastische Rede gegen Sexismus und Frauenfeindlichkeit im Land hielt und den Oppositionsführer wegen seiner frauenfeindlichen Kommentare angriff, verbreiteten sich ihre Worte wie ein Lauffeuer um die Welt. Während ausländische Medien und Politiker die Premierministerin beglückwünschten, schrieben vor allem die männlichen Journalisten der Pressegalerie in Canberra vernichtende Kommentare über die Rede. Dass eine Frau überhaupt Premierministerin werden konnte, glich ohnehin schon einer Sensation im männerbestimmten Australien. Abstruserweise waren es aber auch die Australierinnen selbst, die zu dieser Haltung beitrugen. Sophie Mirabella, eine Parlamentsabgeordnete der liberalen Partei schlug zusammen mit ihren männlichen Kollegen auf die Premierministerin ein und kritisierte sie dafür, dass sie keine Kinder hatte. „Eine Einstellung wie aus dem Mittelalter!", ereiferte ich mich im Gespräch mit Freunden. Susan, die meine feurige Rede mal wieder abkriegte, als ich mich zum wiederholten Male über die in meinen Augen frauenfeindliche Einstellung und die Vorurteile vieler australischer Männer beschwerte, musste lachen: „Ihr Europäer seid zu freiheitsliebend. Hier in Australien ist eben die Welt noch in Ordnung. Die Frauen kochen, der Mann macht das Barbecue. Von dem ganzen feministischen Gleichstellungsgehabe bei euch in Deutschland oder in Skandinavien halte ich nichts." Ich schluckte. Das meinte sie doch wohl nicht ernst? Schließlich war sie selbst eine gestandene Frau. Extrem groß, schlank, mit elegantem Pagenkopf und stets makellos gekleidet. Eine bekannte Hutmacherin mit einer erfolgreichen Karriere trotz drei kleiner Kinder. Wie konnte sie sowas nur sagen? Und schließlich gab es auch in Australien äußerst fähige Frauen in der Wirtschaft. Eine der größten Banken hatte zum Beispiel eine Frau an der Spitze und die reichste Frau der Welt war ebenfalls eine Australierin. Gina Rinehart hatte ihre zahlreichen Millionen im Bergbaugeschäft verdient beziehungsweise von ihrem Vater geerbt, der das Geschäft einst startete. Und die Ehen schienen in Australien auch nicht besser zu funktionieren, nur weil die Leute altmodischer waren. Trotz „traditioneller" Werte endete auch hier jede dritte Ehe vor dem Scheidungsrichter. Dass eine moderne, selbständig arbeitende Frau wie Susan so eine Einstellung haben konnte, schockte mich mehr, als ich vor ihr zugeben wollte. „Ich bin ja nun keine Hardcorefeministin, aber eure Männer hier in Australien sind schon recht archaisch." Susan sah mich halb beleidigt an und versenkte einen Löffel Zucker in ihrem Milchkaffee. Schnell sprach ich weiter, um dem peinlichen Moment zu entkommen: „Hast du schon die Geschichte mit John Malony aus Mount Isa gehört?" „Nein, was ist das für ein Typ?" „Das ist der Bürgermeister in dieser Bergbaustadt im Outback von Queensland. Hast du nicht mitgekriegt, wie der von Schönheit benachteiligte Frauen in seine Männerstadt eingeladen hat? So nach dem Motto, bei uns kriegt sogar ihr noch einen ab. Dafür hat er mit Recht den Titel des schlimmsten Sexisten überhaupt gekriegt." Susan sah mich ungläubig an. „Das ist ja eine lustige Geschichte." „Na, lustig finde ich sie nicht unbedingt. Eher traurig. Und dann machte er noch so komische Anspielungen, dass man bei ihnen öfter mal ein nicht so hübsches Mädel die Straße entlang gehen sehen würde – mit einem breiten Lächeln im Gesicht. Entschuldige mal, was soll das denn heißen?" „Gut, der Typ ist einer von diesen Outback Blokes. Den kannst du aber nicht mit einem gebildeten Mann hier in Sydney vergleichen." „Ja, du magst recht haben. Was mache ich mir überhaupt Gedanken, ich habe mir ja meinen eigenen Mann mitgebracht." „Eben", sagte Susan bestimmt und wechselte das Thema. „Am Wochenende soll es 30 Grad heiß werden. Wir wollen nach Pittwater zum Segeln."

Für Susan war das Thema damit beendet, doch ich gab natürlich nicht so schnell auf. Als ich eine Kolumne über die frauenfeindlichen Australier schrieb und in Deutschland veröffentlichte, stapelten sich schon bald die bösen Leserbriefe, die alle von deutschen Frauen kamen, die mit australischen Männern verheiratet waren.

Lustigerweise lud mich eine zum Abendessen ein, damit ich mal sehen konnte, wie hilfsbereit ihr Mann war. Und so machte ich mich eines Samstagnachmittags auf, den „braven" australischen Mann zu sehen, der im Haushalt mithalf und keine frauenfeindlichen Bemerkungen von sich gab. Ich fuhr dazu eine Dreiviertelstunde in Richtung Westen und kam schließlich in einer Siedlung von mindestens 30 gleich aussehenden Häusern an, die wie Zinnsoldaten nebeneinander aufgereiht waren. Die Vorgärten waren alle ordentlich, der Rasen frisch gemäht und kein Unkraut störte das Bild. Ich parkte in einer der markierten Parkbuchten und klingelte an der Tür, die typisch deutsch

mit einem netten kleinen Kranz verziert war. Auf dem Weg zur Tür
hatten mich schon eine Tonente und ein *Welcome*-Schild begrüßt.
Als Claudia öffnete, sprang mir sofort das Bild einer Hausfrau aus
den 1950er Jahren ins Auge. Gut frisiert, etwas mollig, konservativ
gekleidet und mit Brille. Ihr Mann – der treuherzige Australier – war
deutlich älter als sie, extrem dünn und mit Polunder und einer Hose
gekleidet, die er definitiv zu hoch gezogen hatte. Wir gingen nicht
auf das unangenehme Thema ein, durch das wir uns kennengelernt
hatten und sprachen stattdessen über all das, was wir an Australien
so liebten. Ich musste nicht viel beisteuern, Claudia sprach gerne und
ohne Punkt und Komma und ich lernte in den zwei Stunden in ihrem
Haus, wie das Leben in Australien wirklich funktionierte. Danach
trennten sich unsere Wege schon bald wieder. Über andere Freunde –
die deutsche Community hier ist eben klein – erfuhr ich Jahre später,
dass Claudia mit ihrem Mann nach Südaustralien gezogen war und
wieder zwei Jahre später erfuhr ich, dass das Paar geschieden war. Ob
das nun an den zu hoch gezogenen Hosen lag oder ob der gute Mann
doch noch frauenfeindliche Tendenzen gezeigt hatte, wer weiß.

Den richtigen Umgang mit den australischen Männern musste auch
Michael noch lernen, doch ihm fiel das deutlich leichter als mir. Sein
„männlichster" Kollege Luke, ein kleiner, recht stämmiger Australier
mit rotem Gesicht und stoppelkurzen Haaren begrüßte Männer wie
Frauen mit *G'Day Mate* und fluchte in jedem fünften Satz. *He's a bloody
idiot. That's fucking mad* und *Bullshit* kamen in einem Gespräch so oft
vor, dass ich alle paar Minuten zusammenzuckte, wenn er wieder so
einen Ausreißer brachte. Luke entsprach auch ansonsten dem Bild,
das ich von australischen Männern inzwischen hatte. Er trank zuviel
und wurde danach laut und unbedacht. Einmal verschwand er nach
einem Trinkgelage mit den Kollegen und Michael, der ihm nachge-
gangen war, weil er Angst hatte, dass er mit dem Auto fahren würde,
sah ihn nur noch in Manly am Strand entlang laufen und danach ins
Meer verschwinden. Bevor er selbst am Ufer angekommen war, war
Luke schon rund 50 Meter ins Dunkle hinausgeschwommen. Michael
rief ihm hinterher, aber Luke schien nichts zu hören. Nachdem er eine
Viertelstunde wartete und Luke nicht mehr auftauchte, versuchte er

es am Handy, doch da ging nur die Mailbox ran. Michael war schon leicht panisch und dachte nicht mehr klar. Schließlich rief er mich an und schrie ins Telefon: „Ich habe Luke aus den Augen verloren. Er ist mitten in der Nacht schwimmen gegangen. Wenn der nun ertrinkt. Er war ziemlich besoffen." Ich riet ihm, die Polizei zu verständigen, doch dann tauchten weitere Kollegen auf, lachten Michael aus und berichteten ihm, dass Luke auch professioneller Rettungsschwimmer war. „Dem passiert nichts im Wasser und die Wellen sind gerade nicht hoch. Mach dir keine Sorgen. Der kann stundenlang schwimmen, ohne dass er müde wird." Michael nickte beklommen und ergab sich der Situation. Er schlief die ganze Nacht schlecht und versuchte am Morgen sofort wieder, Lukes Handy anzurufen. Bis zehn Uhr morgens ging keiner ran, doch wenig später meldete sich plötzlich eine verschlafene, ziemlich heisere Stimme. „Yeah, what's up?" „Mann, bin ich froh, dass du lebst", schrie Michael ins Telefon. Luke verstand erst nicht, was er meinte, doch dann lachte er und war sogar ein wenig gerührt. „Gut, dass du nicht die Polizei angerufen hast", sagte er nur.

Zunächst versuchte ich Luke aus dem Weg zu gehen, wo ich nur konnte. Der rüde Kerl, der meist eine Bierfahne vor sich her trug, war mir einfach zuwider. Michael dagegen verstand sich blendend mit ihm und versicherte mir immer wieder, dass er einfach ein guter *Bloke* sei. Je länger ich ihn kannte, desto mehr musste ich ihm Recht geben. Luke war zwar rauhbeinig, doch er war auch eine treue und vor allem gutmütige Seele.

Als ich dann einmal eine Anfrage für einen Dreh hatte, in dem der Regisseur auf Wildschweinjagd gehen wollte – eine beliebte Freizeitbeschäftigung im Outback, bei der Jagdhunde ein Wildschwein in die Enge treiben und der Jäger ihm dann mit einem langen Messer die Kehle aufschlitzt – war mir sofort klar, wer mir da einen guten Kontakt verschaffen konnte. Und richtig: Luke war selbst ein Wildschweinjäger und hatte eine Menge Kumpel, die sich mit seiner Hilfe auch zu einem Dreh überreden ließen. Mich schüttelte es bei dem Gedanken, doch Luke konnte gut erklären, warum die Jagd für das australische Ökosystem sogar unverzichtbar war. „Da geht's nicht nur ums Tiere abstechen, Barbara. Ich seh dir doch an, was du denkst.

Nein, denk mal weiter. Die australischen Wildschweine sind gefährliche Tiere. Die wurden einst wie Füchse und Kaninchen eingeschleppt und breiten sich nun unkontrolliert aus. Sie richten so viel Schaden in der Natur an, Nationalparks und einheimische Tiere leiden unter ihnen. Wirklich, es ist eine gute Tat, sie um die Ecke zu bringen." Ich nickte. Trotzdem erschien es mir ein wenig barbarisch, ihnen mit einem Messer die Kehle durchzuschneiden. „Well", Luke zuckte mit den Schultern. „Die Käufer wollen kein Blei im Fleisch haben." „Die Käufer? Esst ihr so ein Schwein nicht selber?" „Igitt, ich würde nie Wildschwein essen, aber ..." Er machte eine Pause und grinste ein verschmitztes Grinsen. „Weißt du, wohin die meisten Wildschweine gehen?" Ich schüttelte den Kopf. „Die werden eingefroren und landen per Container in Deutschland." Jetzt war ich wirklich baff.

Auch die Arbeitssprache war anders als ich es aus Deutschland gewöhnt war. Klar, natürlich sprachen alle Englisch, aber hauptsächlich waren die Leute deutlich weniger direkt als wir Deutschen. In manchen Bereichen schien man sich auch ohne viele Worte untereinander zu verstehen – etwas, das mir dann verborgen blieb. Als wir zum Beispiel viele Jahre nach unserer Ankunft – dann schon im eigenen Heim – unsere Küche renovierten, belauschte ich die Unterhaltung zweier Handwerker. Sie beschränkte sich auf so wenige Worte, dass ich nur mit Mühe und Not verstehen konnte, was sie sich eigentlich sagen wollten.

„Yeah, you're alright, mate?"
„Yeah, alright."
„Any problems?"
„Na, take them along the way."
„You take the tiles out?"
„Na ..."
„Yeah, mate. The boss writes you have to."
„Really?"
„Yep."
„Alright, then."

Ich verstand gerade noch so, dass es darum ging Fliesen auf einer Seitenwand rauszureißen und nicht einfach zu überkleistern, wie Handwerker Nummer Eins das gerne gemacht hätte, aber die minimalistische Unterhaltung der beiden war für mich fremdartig. Hätte man sowas nicht mit mehr Worten diskutieren müssen? Ich musste mir schließlich ein Lächeln verkneifen und tippte die Unterhaltung in meinen Computer. Sie musste für die Nachwelt erhalten bleiben. Schnell speicherte ich meinen neu gewonnenen Wortschatz und schloss das Fenster, bevor einer zufällig auf meinen Bildschirm schauen konnte.

Während ich immer die Augen nach Jobs und Themen aufhielt, flatterte mir eine Anfrage für eine Doku ins Haus. Ein deutscher Regisseur wollte einen Film über die härtesten Jobs Australiens drehen. Und da gab es eine Menge: Buschpiloten, Roadtrainfahrer, Minenarbeiter, Obstpflücker, Schlangenfänger, Muscheltaucher und Opalsucher zum Beispiel. Letztere faszinierten mich besonders, da sie so sehr die Schatzsuchermentalität symbolisierten, die Australien in vielen Menschen auslöste. Auch ich war dem „Virus" verfallen – trotz meines deutlich ausgeprägten Sicherheitsbedürfnisses. Jeden Abend, wenn Michael zur Tür hereinkam, berichtete ich ihm wieder von meinen Recherchen und Abenteuern, die sich leider nur in meinem Kopf abgespielt hatten. Ich plante schon unseren nächsten Urlaub ins Outback zum Opalesuchen. Als ich ihm davon erzählte, wie man einen *Claim* kaufen konnte, also ein Stück Land, in dem sich potentiell Opale finden ließen, warf Michael nur nüchtern ein: „Ich möchte dich gerne mal auf der Suche nach Opalen durchs Outback kriechen sehen. Zwischen Giftschlangen und –spinnen. Wer hat sich denn bei eurem letzten Outbackdreh nachts nicht aus dem Bett getraut?" Ich konnte es nicht glauben. Tom hatte mich doch glatt verpetzt. „Du hast gut reden", feuerte ich zurück. „Wir haben in einem Bett mitten im Busch, nur mit einem Moskitonetz über dem Kopf geschlafen. Kein Haus und kein echtes Dach. Es war stockdunkel und Jürgen hatte uns vorher noch erzählt, wie er mal mit einer King Brown Snake an der Schulter aufgewacht sei. Wenn dich da draußen so eine beißt, dann dauert's ziemlich lang, bis du in der Zivilisation und bei einer Gegengiftspritze bist. Da bist du vorher schon fünf Mal gestorben." „Ja, ja schon recht. Aber hättest du wirklich Lust, in der Hitze da draußen tiefe Löcher zu graben?" „Na, ja. Wenn man dabei auf einen Schlag reich wird ..." „Das ist ja eher wie Lotto spielen – und kann süchtig machen."

Da hatte er wohl recht. Ich verklärte die Sache ein wenig, aber der Gedanke an diesen großen, roten Kontinent, trocken und heiß im Inneren, üppig und majestätisch an den Küsten und mit so vielen noch unentdeckten Geheimnissen, verlockte zum Träumen. Und in meinen Träumen war ich deutlich mutiger und zudem abenteuerlustiger als im wirklichen Leben. Ich dachte an Westaustralien und seine unfassbar wertvollen, rosa Diamanten und erinnerte mich, wie wir einmal Gold in einem Fluss gewaschen und tatsächlich ein paar Körnchen gefunden hatten. Gold und Diamanten wurden jedoch normal von großen Firmen gefördert. Die Opalsucher dagegen waren Einzelkämpfer. Ein jeder hatte seine eigene faszinierende Geschichte. Manche waren Multimillionäre, die immer noch weitersuchten, andere gescheiterte Existenzen, die am Rande des Existenzminimums dahinsiechten.

Als ich für meine Recherche mit einigen sprach, regte das meine Fantasie noch mehr an. Ich hatte mir Kontakte in Lightning Ridge besorgt, einer der Outback-Städte, in denen Opale gefunden werden können. Über 700 Kilometer und rund neun bis zehn Stunden Autofahrt von Sydney entfernt, ist der kleine Ort tief im australischen Busch gelegen. Opalabbau gab es hier bereits seit 1901. Nur in Lightning Ridge gibt es die schwarzen Opale, die seltenste und wertvollste Opalsorte der Welt. Menschen aus aller Welt – 50 Nationalitäten arbeiten und leben hier – kommen seit jeher, um den erhofften schnellen Reichtum zu finden. Viele wollten eigentlich nur für ein paar Wochen kommen und blieben letztendlich mehrere Jahre oder gar für immer. Wahrscheinlich leben zu jeder Zeit zwischen 5.000 und 6.000 Menschen in Lightning Ridge, genau kann man das aber nie sagen. Einer der Opalsucher, Anthony aus Italien, erzählte mir, dass ihn das Mystische an den Steinen so faszinierte und dass es sie seit Jahrmillionen gäbe. Opale hatten sich einst an den Ufern prähistorischer, schon lange verschwundener Seen im Inneren Australiens gebildet. Ich sah vor meinem inneren Auge einen Zeitraffer ablaufen, Dinosaurier durch seichtes Wasser waten und später Riesen-Kängurus am Ufer ruhen, während das Wasser selbst weniger und weniger wurde, bis die Seen schließlich vollkommen vertrocknet waren. Es gibt ein aufwendig illustriertes australisches Kinderbuch von Graeme Base mit dem Titel „The Waterhole", in dem ein Wasserloch immer kleiner und kleiner wird, bis das Land schließlich vollkommen verdörrt und alles Leben verschwindet. Genau so stellte ich mir die Entstehung der Opale vor.

So wie mich die Sucht schon aus der Ferne ergriffen hatte, ging es auch den echten Opalsuchern. „Wenn du einmal mit dem Suchen angefangen hast, lässt es dich nicht mehr los", erzählte mir Franz, ein Deutscher aus der Nähe von Celle, der bereits seit 30 Jahren mit seiner Familie in Lightning Ridge lebte und nach Opalen grub. Die Hochzeitsreise hatte ihn einst nach Down Under geführt, ein Zeitungsartikel über einen wertvollen Opal nach Lightning Ridge. Heute waren Opale sein Leben – Risiken wie Tunneleinstürze oder Auseinandersetzungen mit Dieben, die einem die wertvollen Funde wieder abjagen wollten, nahm er gerne auf sich. „Das Ganze ist wie eine Sucht. Du vergisst alles andere, wenn du da alleine in deinem Loch sitzt und gräbst."

Einem anderen lag die Schatzsucherei schon im Blut. Sebastian, ein ehemaliger Maschinenbaumeister aus Penzberg bei München hatte schon einen Onkel gehabt, der nach Australien zum Opalesuchen ausgewandert war. „Der Gedanke hatte mich nicht mehr losgelassen. Es ist ein Glücksritterspiel, wie im Lotto zu gewinnen, aber für uns hat es sich gelohnt", erzählte er mir am Telefon. Heute arbeitet auch sein Sohn mit in der Mine, seine Frau sucht zu Hause die Steine aus, entscheidet, was wertvoll ist und was nicht. Ich googelte Bilder von Ligthning Ridge und versuchte mir vorzustellen, welche Atmosphäre in dem Ort herrschte. Viele der Szenerien wirkten surreal auf mich. So stellte ich es mir auf einem von Menschen verlassenen Planeten vor – eine Teerstraße, die plötzlich im Nirgendwo endet, verdorrte Bäume, trockene Erde und Erdhügel wie von übergroßen Maulwürfen aufgeworfen. Dazwischen verrosteten alte Autos, altes

Bergwerkswerkzeug und einmal sogar ein Bus, den einer einfach im Outback stehen gelassen hatte, nachdem er wahrscheinlich seinen Geist aufgegeben hatte. Das Pub sei immer gut besucht, erzählte mir eine der wenigen Frauen, mit denen ich sprach. „Da sind ziemlich wilde Gestalten dabei. Manche sind Millionäre, von denen würdest du das nie vermuten und andere sind echte gescheiterte Seelen."

Eine solche hatte ich wenig später am Apparat. Markus kam wie Franz und Sebastian aus Deutschland, war im Gegensatz zu den beiden anderen Deutschen jedoch noch unerfahren beim Opalesuchen. Er war erst seit drei Jahren dabei und hatte noch nicht viel gefunden. „Ich war davor Goldschürfer auf den Philippinen – das hat sich mehr gelohnt. Vor 20 Jahren war das mit den Opalen auch noch einfacher, aber heute ist es ganz schön schwierig, vor allem wenn du nur mit dem Presslufthammer arbeitest so wie ich."

Sebastian und Franz waren besser ausgestattet und hatten dadurch mehr Möglichkeiten. Doch sie hatten wohl auch eine bessere Spürnase für Opaleinschlüsse. Abends im Pub setzten sich die Deutschen auch schon mal zusammen und tauschten Tipps und Tricks aus, so dass auch Markus noch immer den großen Fund vor Augen hatte. „Man darf als Schatzsucher die Hoffnung nie aufgeben", gab er mir fröhlich mit auf den Weg.

All diese Gespräche gab ich haarklein und mit viel Begeisterung am Abend an Michael weiter und erntete dafür schon wieder ein Kopfschütteln von meiner besseren Hälfte. „Ich kann mir dich auch nicht mit Presslufthammer in der Mine vorstellen. Aber faszinierend ist das Ganze schon. So aus der Ferne zumindest."

Da mochte er Recht haben. Die Entfernung vergoldete das Leben als Schatzsucher in einer kargen Mondlandschaft mit gnadenlos heißen Temperaturen im Sommer fern der Zivilisation. „Allein die Fliegenplagen im Sommer müssen schrecklich sein", gab ich nun auch zu bedenken. „Wahrscheinlich können die Opalsucher nur in den kühleren Monaten arbeiten. Anders kann das ja gar nicht funktionieren."

Kapitel X

„No Worries" – Motto einer Nation

Ich bin kein Morgenmuffel, eher ein Frühaufsteher. Morgens, wenn die Sonne in unser Schlafzimmer blinzelt, springe ich gerne ohne große Vorwarnung aus dem Bett. Michael ist eher das Gegenteil. Tief in mindestens zwei Decken eingegraben, schaut höchstens ein Haarschopf darunter hervor. „Grmpph..." „Wie bitte? Bist du schon wach?" Egal, mich stimmt es jeden Morgen wieder fröhlich, wenn ich aus dem Fenster schaue und – wie fast immer – die Sonne scheint. Ab und zu verlockt mich das sogar zum Pfeifen oder Summen, doch ein leicht genervtes Brummen unter der Decke lässt das meist schnell wieder verstummen.

Eine halbe Stunde später ist dann auch Michael wach. Während ich schon geduscht bin, lese und das Frühstück mache, stehen ihm die Haare in alle Himmelsrichtungen zu Berge und die Augen sind noch vom Schlaf gerötet. „Bist du heute schon wieder unruhig?" Ich musste kurz nachdenken. „Eigentlich nicht. Seitdem wir hier sind, bin ich viel seltener nervös und hektisch als noch daheim." Michael warf mir einen eher ungläubigen Blick zu. „Doch echt. Mein Bauch fühlt sich auch nicht an, als wären hundert Schmetterlinge drin. Ich bin viel ruhiger geworden." Jetzt war Michael endgültig wach. „Das hört sich ja vielversprechend an. Die *no-worries*-Kultur hier scheint dir also gut zu tun!" Ich reichte ihm eine Tasse starken Kaffee, um die kurzzeitige Wachphase zu unterstützen. „Ja, irgendwie funktioniert das bei mir. Alle sind so relaxt und positiv. Dieser ,Das läuft sich schon zurecht'- Ansatz wirkt wie eine Johanniskrauttablette auf mich." Michael musste grinsen. „Du fällst auch auf jedes Klischee rein, aber wenn's funktioniert, dann ist's ja gut." Ich wunderte mich noch, was er damit meinte, doch dann war er mit den Worten „Die Arbeit ruft!" schon aus der Tür raus.

Ich dagegen hatte heute einen „freien" Tag, wollte nur ein wenig von zu Hause recherchieren, das Haus putzen und einkaufen gehen. Ich holte die Tageszeitung, die der Zeitungsjunge gekonnt unter den dichten Nadelbaum an unserem Haus geworfen hatte, und fuhr meinen Laptop hoch. Anita hatte mir eine E-Mail geschrieben. Sie war kurz angebunden. „Ich habe hier ziemlichen Stress. Die Quoten beim Sender stimmen nicht und wir haben eine Krisensitzung nach der anderen. Sonst ist alles in Ordnung. Rufe dich am Wochenende an." Ich schloss die E-Mail wieder und atmete tief durch. „Das liegt hinter mir", dachte ich.

Als ich eine Stunde später im Supermarkt stand und an der Kasse ein Schwätzchen mit der älteren Dame hinter mir hielt, fühlte ich mich gleich wieder in meinem neuen Leben bestätigt. Australier waren tatsächlich nettere, entspanntere Menschen als wir Deutschen. Mein Tag blieb ruhig und entspannt. Als ich Michael zwischendurch anrief, erschien er allerdings ähnlich gestresst wie Anita in ihrer E-Mail. „Ich kann jetzt nicht reden. Bin in einem Meeting." Auch am Abend kam er noch gestresst zur Tür hinein. Ich schaute auf die Uhr – es war bereits acht Uhr. „Du bist ja schon wieder so spät. Ich hab dir was vom Abendessen aufgehoben." Er winkte ab. „Ich hab im Moment noch keinen Hunger. Ich hab heute übrigens gelesen, dass die Aussies eines der Völker in der westlichen Welt sind, die die meisten Stunden pro Woche arbeiten. Nur Asiaten, wie Japaner und Koreaner, schuften mehr. Die meisten malochen die Extrastunden auch noch umsonst, um besser dazustehen als ihre Mitkollegen und um ihren Job nicht zu verlieren. So viel also zu deinen relaxten Aussies ..."

Ich dachte nach und kam zu meiner ganz persönlichen Theorie: Die Aussies wollen mit der vielen Arbeit und den geleisteten Überstunden ihr zerstörtes Selbstbild kompensieren, sie sehnen sich danach wie ein wilder Buschmann zu sein, wie Crocodile Dundee es einst war. Doch zumindest die Städter und damit der Großteil der Australier sind heute einfach keine ausdauernden Pioniere mehr, die den Busch roden, Schafe scheren und mit Trockenheit, Dingos und Giftschlangen kämpfen. Ihr Herz mag noch im Outback verhaftet sein, doch sie selbst sind allesamt gemütlich und sicher in den Städten verankert, machen ihren Bürojob und fahren am Abend zurück in ihr meist recht langweiliges Ziegelstein-Häuschen im *Suburb* (Vorort). Als ich die Theorie Michael zum Besten gab, musste er grinsen. „Da könnte schon etwas Wahres dran sein, erzähl das aber mal lieber keinem Australier."

Erst viel später verstand ich, dass dieses ständige Verlangen, sich rund um die Uhr zu beschäftigen – sei es mit Arbeit, Freiwilligendiensten oder Sport – schon so früh im Leben eines Australiers anfing, dass sie es wohl einfach gewöhnt waren und als völlig normal empfanden. So müssen sich Eltern bereits im Kreissaal oder besser noch davor Gedanken machen, welche Schule ihr Nachwuchs einmal besuchen soll, denn die Plätze bei den begehrten Privatschulen sind rar. Auch wenn die frühe Anmeldung geschafft ist, können Mütter und Väter nicht verschnaufen, denn die horrenden Gebühren der Schulen von 10.000 bis 20.000 Euro pro Jahr müssen erst einmal hart erarbeitet werden.

„Wir fahren eigentlich nie in den Urlaub", erzählte mir eine Nachbarin kurz darauf, als wir bei einem sogenannten *Fundraising* zusammensaßen. Wir hatten alle Muffins und Kuchen gebacken und die Gastgeberin sammelte für eine Organisation, die Frauen mit Brustkrebs unterstützte. „Die Schule meiner Söhne frisst eigentlich unser gesamtes Geld auf. Und dann sind da noch all die außerschulischen Aktivitäten. James lernt Trompete, im Winter spielt er Rugby und im Sommer Cricket. Dann ist er noch im Schachclub und in der Theatergruppe. Und Ed ...", ich war nach dem zweiten Satz gedanklich ausgestiegen. Kein Wunder, dass unsere Nachbarin nicht arbeiten konnte. Durch ihre Kinder war sie vollkommen mit Chauffeurdiensten und Besorgungen ausgelastet. „Ah, da fällt mir ein, hat Ed Zeit zum Spielen zu uns zu kommen?", fiel eine andere Nachbarin meiner Gesprächspartnerin ins Wort. „Ben wollte ihn gerne mal wieder zum Spielen einladen." Meine Nachbarin lächelte freundlich und zückte allen Ernstes den Terminplaner. „Lass mich mal schauen. Montagnachmittag ist Schwimmunterricht, am Dienstag Band und danach noch eine Musikstunde, am Donnerstag Cricket und danach nochmal Musikstunde, aber am Freitag ginge es, gleich nach der Tennisstunde von halb fünf bis sechs." „Wunderbar, da haben wir auch Zeit, also abgemacht." Ich staunte. So viele Termine hatte ich selbst als festangestellte Journalistin nie gehabt. Die Kinder wurden hier augenscheinlich gut auf ein termingefülltes Leben vorbereitet. „Aber an den Wochenenden habt ihr keine Aktivitäten für die Kinder, oder?", fragte ich vorsichtig nach. Die Mütter grinsten wissend. „Der Samstagvormittag ist immer reserviert für Fußball-, Cricket-, Rugbyspiele und dergleichen und am Sonntag treffen sich hier alle am Strand." Richtig! Die Nachwuchsschwimmer. Die waren mir schon aufgefallen. Diese sogenannten *Nippers* warfen sich furchtlos in die Fluten, begleitet von Eltern und Trainern, die sie vorm Ertrinken in den oft gefährlichen Wellen, vor Haien und Quallen zu schützen versuchten. Ich schüttelte ungläubig den Kopf. „Und wann ruht ihr euch bei all dem Stress mal aus?" Die beiden Frauen sahen mich verwundert an: „Bei welchem Stress denn? Wir sind das ganze Wochenende an der frischen Luft. Besser könnte es doch gar nicht sein." Ich nickte.

Irgendwie glaube ich ihnen sogar, dass sie die Stunden an der frischen Luft wirklich genießen, die Sonne, die ihnen heiß im Nacken brennt und den Sand, der sich in sämtliche Taschen und Hosenkrempen einschleicht und später gleichmäßig im Haus verteilt. Sie sind eben das Volk der *No Worries*. Nicht umsonst hat die OECD die Australier 2012 zur glücklichsten Nation der Welt gewählt. Noch vor Norwegen und den USA. Einkommen, Jobs, Wohnen und Gesundheit – überall hatte Australien die Nase vorn. Selbst bei der Lebenserwartung von durchschnittlich fast 82 Jahren. Für sie war das, was für mich Stress war, wohl doch tatsächlich eher Ausgleich und Erholung.

Die Australier waren also doch irgendwie relaxt, wenn auch nicht in dem Sinne, den wir uns so vorgestellt hatten. Trotzdem färbte die entspannte Haltung auf mich ab. Vielleicht lag es auch daran, dass ich nicht mehr jeden Tag in ein Büro ging und mein Konto dementsprechend leerer war. Arme Kirchenmäuse waren ja bekanntlich die glücklichsten. Nachdem ich nun mehr nach Erfüllung als nach Geld strebte, dauerte es auch nicht lange, bis ich mich zu einem der unbezahlten Jobs überreden ließ. Ein Ehrenamt, das war schließlich Ehrensache in Down Under. Der Helferinstinkt war tief im australischen Selbstbild verankert. Das hatte ich schon als Touristin gemerkt, als kein Australier an mir vorbeigehen konnte, während ich in aller Ruhe eine Landkarte studierte. „Do you need help?", „Are you lost?" … Oft konnte ich mich vor lauter Hilfsangeboten kaum retten und dieses Helfersyndrom färbte schnell auf mich ab. Als eine Freundin mir vorjammerte, die lokale Schule ihrer Kinder hätte nicht genug Freiwillige, die Kindern mit Leseschwächen helfen, erinnerte ich mich an Susans Erzählungen von ihrer Freiwilligenarbeit in der Schule. Ja, das war auch etwas für mich, beschloss ich. Denn Rettungsschwimmer stand in meinem Fall als halber Nichtschwimmer ja nicht wirklich zur Debatte. Zum Fundraising fehlte mir die Kreativität – ich wollte weder Blumenzwiebeln verkaufen, noch Muffins backen oder Schokoladendosen in der Nachbarschaft verscherbeln. An der lokalen Schule arbeiten, das schien mir die beste Lösung zu sein. Lesen und Schreiben, das klappte auch auf Englisch ganz gut bei mir und die Schulen brauchten dringend Hilfe. Denn die australischen Public Schools – so nennen sich hier die öffentlichen Schulen – leiden an chronischem Geldmangel. Nur rund 60 Dollar zahlt der australische Staat pro Jahr und Kind für Lehrmaterialien und unterstützende Maßnahmen. Da braucht es jede Hilfe der Anwohner, um die Schule überhaupt am Leben zu halten.

Jeden zweiten Dienstag ging ich nun in die Schule und übte mit Ben, Alex, Ethan und Harry das Lesen. Die Jungs waren alle zwischen acht und neun Jahre alt und brauchten noch ein wenig Feinschliff. Manche der Kinder wunderten sich zwar, warum ich selbst „so komisch" sprach und Harry fragte mich am Anfang, ob ich wohl aus Ägypten käme. Mit Ägypten konnte ich nicht dienen, aber Deutschland fanden die Vier auch schon recht aufregend. Und besonders lustig war es für sie immer, wenn ich selbst auch noch das eine oder andere neue englische Wort dazu lernte oder zumindest so tat als ob. Einmal ließ ich mir das Wort *mature* (das eigentlich reif und nicht alt bedeutet) erklären. „That means old! Even I knew that and I am not as old as you", kringelte sich Harry angesichts seines Wortwitzes und war in seinem Selbstbewusstsein gleich mächtig gewachsen.

Eindeutig entspannter als früher arbeitete ich nun an meinem Helferinstinkt – meine erste Annäherung an die australische Mentalität. In meinem Wunsch, meine neuen Mitbürger zu verstehen, recherchierte ich etliche Geschichten, die mir das Denken und Fühlen der

Australier näher bringen sollten. Die Surfkultur faszinierte mich dabei besonders – mich, die sich selbst niemals in die unergründlichen Tiefen der See begeben würde. Doch vielleicht gerade wegen meiner Angst zogen mich die scheinbar ins Unendliche führenden Strömungen, die Haie und die mir riesenhaft erscheinenden Wellen geradezu magisch an – zumindest auf dem Papier. Mir schien: Wer australisches Blut in den Adern hatte, der hatte auch die Sucht nach dem Strand und dem Surf vererbt bekommen.

Teenager, Familienväter, Karrierefrauen, Rentner und teilweise schon achtjährige Kids zieht es in die vor Gischt schäumenden, brodelnden Gewässer vor den australischen Küsten. Geschätzte zweieinhalb Millionen Surfer gibt es in Australien – Touristen nicht mitgezählt. Das sind rund zehn Prozent der australischen Bevölkerung. Surfen gehört zur australischen Kultur wie Koalas und Kängurus zur Natur.

In der lokalen Bibliothek versenkte ich mich in Surfbücher. „Wenn eine Welle, die schon seit Tagen unterwegs ist, eine Stelle oder ein Riff trifft, das sich über tausende Jahre geformt hat – und wenn die lokalen Faktoren wie Gezeiten und Wind ebenfalls passend sind – dann ist das Ergebnis eine perfekte Welle, die wollüstig dahinblubbert und denjenigen außerordentliches Vergnügen bereitet, die mutig genug sind, sich den Geheimnissen des Meeres zu stellen", schrieb da der Autor und Surffanatiker Ben Marcus und fasste das in Worte, was die Wassersportfans tagtäglich suchten, wenn sie stundenlag im Surf auf ihren Brettern lagen.

Auf meiner Suche nach dem Warum erzählte mir einer dieser unzähligen Surfer, dass es ihn bereits erwischt hatte, als er das erste Mal rausging. „Ich surfe seit ich acht Jahre alt bin", berichtete mir Jason mit strahlenden Augen. Jason war der Inbegriff des Surferklischees: Durchtrainierter Körper, braungebrannt, wuschelige Haare. Ein Surfer wie aus der Werbung. „Als ich das erste Mal raus ging, erwischte es mich – wie eine Droge. Ich war sofort abhängig. Nichts ist wie Surfen, es ist unbeschreiblich. Als ich ein Teenager war, war mir die perfekte Welle lieber als die perfekte Zeit mit einem Mädchen." Heute – 39 Jahre später – habe sich nicht viel geändert, nur dass er nicht mehr auf die ganz hohen Wellen aus sei. Er erzählt es mit einem verschmitzten Lachen. Heute ist der perfekte Surf für ihn, wenn das Wasser glasig ist und nicht viele Leute draußen sind. „Es ist der perfekte Lebensstil. Gefährlich ist nur, dass es das Einzige werden kann, was du willst und du die Arbeit und alles andere vergisst." Während ich diesen gewaltigen Worten lauschte, dämmerte mir langsam, wie eng das Surfen wirklich mit der australischen Identität verwoben war.

Zur gleichen Zeit lasen wir in meinem Buchclub das Buch „Breath" („Atem") des australischen Schriftstellers Tim Winton, in dem er die Geschichte von Pikelet und Loonie erzählt, zwei Jungen, die eine Obsession für gefährliche Situationen entwickeln und nach diversen Mutproben ihre Erfüllung im Surf finden, wo sie stets nach den größten und gefährlichsten Wellen suchen. Winton war mein Mann. Ich las im Internet, dass der Westaustralier in dem Buch seine eigene Jugend verarbeitet hatte. Ebenso wie die Protagonisten in seinem Buch hatte er im einsamen Westaustralien – in Albany südlich von Perth – die Gefahren des Lebens gesucht, um die tägliche Langeweile zu besiegen. Noch während ich sein Buch las, verkaufte ich eine Surfergeschichte an ein deutsches Reisemagazin und nahm das zum Anlass, ein Interview mit ihm anzufragen. Auf eine E-Mail, in der ich ihn nach seiner Leidenschaft fragte, antwortete er, dass der Surf ihm wohl das Leben gerettet habe und die weniger gefährliche Leidenschaft für die Wellen ihn vor Autounfällen und Drogen bewahrt hätte:

„Ich habe immer schon das sinnliche Vergnügen beim Surfen genossen. Das Wasser und die Sonne, das Gefühl der Bewegung und die Chance, allein mit der Natur zu sein. Heute ist das nicht mehr so einfach zu erreichen, wo so viele Leute surfen, aber ich lebe jetzt wieder auf dem Land und so ist es einfacher, Platz für sich alleine zu haben. Surfen hat einen meditativen Aspekt, den ich mag. Du hast eine ganze Menge Zeit nachzudenken, wenn du zwei oder drei Stunden da draußen sitzt. Denn die meiste Zeit verbringt man mit Warten. Ich glaube, ich surfe jetzt seit 40 Jahren oder sogar schon länger und ich brauche es, um mit mir selbst in Einklang zu sein. Wenn ich für ein paar Tage nicht im Wasser war, werde ich immer ein wenig verrückt. Ich muss das Meer jeden Tag einmal sehen und wenn es geht, möchte

ich auch einmal am Tag im Meer sein. Ich nehme mal an, das bedeutet, dass es eine Art Abhängigkeit für mich ist, aber ich hoffe, eine
relativ harmlose."

Winton war ein guter Start. Doch um die Surfer zu verstehen,
musste ich raus an den Ort des Geschehens. Ich hatte im Internet gelesen, dass der Beginn des Surfens in Australien in den frühen Jahren
des 20. Jahrhunderts liegt, in der Zeit, in der sich auch die ersten
„Surf Life Saving Clubs" bildeten, die bekannten Clubs der Rettungsschwimmer Australiens. Bondi Beach in Sydney – der berühmteste
Strand Australiens – war 1907 der Vorreiter, doch wenig später folgten Clubs an etlichen anderen Stränden.

Kurze Zeit später stand ich dann im Surfclub von Freshwater Beach
vor alten Fotos. Die Bilder zeigten den weltberühmten hawaiianischen
Surfer Duke Kahanamoku im australischen Sommer des Jahres 1915.
Er hatte damals mit der Vorführung seiner Künste den Surftrend in
Australien gestartet. Seine Geschicklichkeit, wie er in den Surf hinaus-
paddelte, umdrehte, die Welle quasi einfing und elegant auf seinem
Board stehend wieder in Richtung Strand glitt, muss die zuschauende
Menge fasziniert haben. Die Fotos ließen erahnen, wie verzückt ihn
alle anstarrten, beeindruckt von seiner Eleganz und seinem Können.
Als der Duke – wie ihn bald alle nannten – wenig später ein fünfzehn-
jähriges Mädchen aus der Menge auswählte und mit ihr zusammen
auf dem Surfboard paddelte und im Tandem wieder zurück „segelte",
kannte die Begeisterung der Zuschauer keine Grenzen mehr. Das
junge Mädchen – Isabel Letham – war damit die erste Australierin,
die stehend auf einem professionellen Surfbrett surfte. Der Surftrend
Down Under war geboren und Isabel Letham sollte noch ihr ganzes
Leben lang am Freshwater Beach leben und surfen.

Seit diesem Sommertag 1915 ist der Trend ungebrochen. Als ich
tief versunken die historischen Fotos im Surfclub anschaute, räusperte sich plötzlich ein älterer Herr neben mir. Er hatte weißgraues
Haar, war mindestens 80 und trug Surfershorts und ein Schwimm-T-
Shirt. „Hi. I'm Mick." Mick war seit 45 Jahren Mitglied des Surfclubs
am Freshwater Beach und wir kamen schnell ins Gespräch. Meine
Neugierde schien ihn zu freuen. Er berichtete, wie jedes Jahr mehr

und mehr Australier dem Surf verfallen waren. „Surfen ist eine tolle australische Tradition", sagte er. „Ich kann es selbst in meinem Alter noch nicht lassen, auch wenn ich nur noch *body surfing* mache. Und ich bin nicht der einzige. Hast du den Aushang dort gesehen? Wir sind eine ganze Gruppe alter Surfer und Rettungsschwimmer. Jeden Sonntag treffen wir uns auf einen Kaffee und zum Schwimmen hier am Beach. Wir nennen uns das „House of Lords", gut nicht wahr?" „Ja, phänomenal." Ich meinte, was ich sagte. Das war wirklich beeindruckend. Mick war aber noch nicht fertig. „Weißt du, mein Sohn surft auch. Das ganze ist eine Tradition geworden, die von Vater zu Sohn, von Mutter zu Tochter weiter gegeben wird. Es ist wirklich eine der beliebtesten Freizeitbeschäftigungen hier bei uns."

Nach meinem Ausflug in die Surfwelt, beschäftigte ich mich wenig später mit einem völlig anderen Phänomen australischer Mentalität: Der Spielbegeisterung der Aussies. Schon kurz nach meiner Ankunft in Australien war ich schon einmal in eines der Wettbüros gestolpert, das zu jedem Stadtteil zu gehören schien. Für ein paar Fotos war ich nach Kings Cross gefahren, das als das Rotlicht- und Vergnügungsviertel Sydneys galt. Nachts war es dort alles andere als anheimelnd, mit den vielen betrunkenen Partygängern und Drogenhändlern. Doch mitten am Tag? Was sollte mir da schon passieren. Doch während ich so vor mich hin fotografierte und versuchte, die Stimmung des Stadtteiles einzufangen, bemerkte ich, wie ein ziemlich herunter gekommener junger Mann an der Mauer hinter mir stehen geblieben war und mich intensiv beobachtete. Er trug eine alte Baseballkappe, eine zerrissene Jeans und ein dreckiges Poloshirt. Sein Kinn glänzte und die Bartstoppeln ließen vermuten, dass er sich seit mindestens drei Tagen nicht rasiert hatte. Ich starrte kurz zurück und versuchte, ihn danach einfach zu ignorieren. Er ist wahrscheinlich nur neugierig, was ich hier fotografiere, dachte ich. Ich drehte mich also um und arbeitete weiter. Aus dem Augenwinkel sah ich jedoch, wie mein Beobachter seinen Platz an der Mauer verließ und auf mich zukam. Ich reagierte blitzschnell, machte eine 180-Grad-Kehrtwendung und ging am Bürgersteig weiter in Richtung einiger Geschäfte und Cafés. Möglichst unauffällig drehte ich mich um, um zu sehen, ob er mir folgte.

Tatsächlich, da war er, ungefähr fünf Meter hinter mir. Er beschleunigte seinen Schritt und ich tat es ihm gleich. Kurz bevor er zu nah kommen konnte, bog ich unvermittelt in eines der offenen Geschäfte ein. Der Mann war auch stehen geblieben und schaute mir hinterher. „Irgendwelche Probleme?" Ein Angestellter in dem Geschäft kam auf mich zu. „Ich glaube nicht", sagte ich und deutete auf den Mann vor dem Fenster. „Ich hatte nur einen Schatten, den ich gerne loswerden wollte." Der Angestellte trat aus dem Geschäft und noch bevor er den jungen Mann ansprechen konnte, hatte der sich schon blitzschnell umgedreht und war in der Menschenmenge verschwunden. „Puh, danke schön." Erst jetzt sah ich mich um. „Was betreiben Sie denn für ein Geschäft?" Überall waren Bildschirme mit mir unverständlichen Zahlen und Namen. Irgendwie lasen sich die Einträge auf den Monitoren wie Sportergebnisse. „Das ist ein Wettbüro. Willst du es auch mal versuchen?" „Äh, nein danke. Das ist nichts für mich. Danke, dass Sie mich gerettet haben." Ich rannte so schnell ich konnte zurück zu meinem Auto und fuhr nach Hause. Das Viertel war wohl nichts für mein zartes Gemüt.

Danach stach mir aber die Spielbegeisterung oder besser Spielsucht der Australier immer wieder ins Auge. Als wir uns mit Freunden im Pub trafen, beobachtete ich die Scharen, die an den Poker-Maschinen saßen und ihr Geld für sinnlose Zufallsspiele ausgaben. Kaum einer von ihnen unterbrach einmal die Tätigkeit, um mit jemandem in seiner Umgebung ein paar Worte zu wechseln. Alle saßen mit mehr oder weniger glasigen Augen vor den bunt flimmernden Automaten und stoppten nur kurz, um zwischendurch an ihrem Bier zu nippen.

Susan, die auch wieder mit von der Partie war, zog mich weg von den *Pokies*, wie sie sie nannte, und sagte: „Willst du mal die gesittete, edlere Version von dieser Spiel- und Wettsucht sehen?" „Ja, klar. Was meinst du denn?" „Ich nehm' dich mal mit zu einem der großen Pferderennen. Da geht's anders zu. So spielt die High Society hier", sie lächelte. „Wir können da aber auch hin. Der Eintritt ist nicht teuer." Ich war Feuer und Flamme. Susan war die Expertin für das Thema. Als Hutmacherin entwarf sie viele der fantasievollen und nicht ganz billigen Kreationen der edlen Damen, die sich bei den Pferderennen so blicken ließen. Früher hatte sie in einem ziemlich langweiligen Beruf im Gesundheitswesen gearbeitet. Doch als die ersten Kinder kamen, musste sie sich „neu erfinden". Eine Managerrolle mit Überstunden bis tief in die Nacht passte da nicht mehr. Sie besann sich auf ihre kreativen Fähigkeiten und eine Ausbildung, die sie einst in London absolviert hatte – und wurde zur Hutmacherin.

An einem der folgenden Samstage machten wir uns nun tatsächlich auf den Weg zum ersten Pferderennen meines Lebens. Es war neun Uhr morgens und draußen türmten sich die Wolken. Es sah nach Regen aus. Neben mir stieg ein Ehepaar in dicken Jacken aus einem Taxi. Ich kam mir fehl am Platze vor in meinem dünnen mit Rosen bedruckten Kleidchen und einem roten Federbüschel auf dem Kopf. Doch Susan ließ gar keine falschen Gedanken aufkommen: „Komm mit rein", sagte sie und zog mich hinter ihr her. Der *Fashions on the Field* ist ein Modewettbewerb, der meist im Vorfeld der berühmten Pferderennen Australiens stattfindet und oftmals mehr Aufmerksamkeit in der Presse erregt als das Rennen selbst. Was mich in etwa erwarten würde, davon hatte ich bereits einen Vorgeschmack bekommen, als ich Susan am Morgen abgeholt hatte.

In ihrem Esszimmer häuften sich Berge an dunkelroten Federn, pastellfarbenen Rosen, Hutkrempen und Nähnadeln, als ich um acht Uhr morgens bei ihr hereinschneite. Ihre neunjährige Tochter hatte mich ins Haus geführt, noch im Pyjama und mit einem Honigbrot in der Hand, das sich langsam aber sicher verflüssigte und eine Spur von Honig im Haus hinterlies. „Vorsicht. Ich habe den Heißkleber vergessen", rief eine Stimme vom anderen Ende des Hauses, während ich mich vorsichtig ins kreative Zentrum vorarbeitete. Der Warnruf war weniger an mich gerichtet, als an ihre insgesamt drei kleinen Kinder, die in dem kreativen Chaos Honigbrote aßen und nebenbei bunte Bilder malten. Susans Atelier war zugleich Kinder- und Esszimmer – ich schüttelte unauffällig den Kopf und musste schmunzeln. Man musste Susan einfach gern haben.

Wenig später kam Susan in einem eleganten weißen Kleid herein. Küsschen links, Küsschen rechts. „Willst du einen Kaffee? Ich weiß gar nicht mehr, wo mir der Kopf steht. Heute muss ich noch drei Hüte fertig machen. Das gibt eine weitere Nachtschicht", seufzte sie und schaute auf die Kinder, die gerade ihre Honigbrote weiter im Haus verschmierten. „Ah well", seufzte sie. „Manchmal ist es schwer auf Bestellung kreativ zu sein, weißt du?" Das hörte sich fast an, als stünde sie vor einem emotionalen Zusammenbruch. Schnell lenkte ich ab. „Aber du warst ja schon enorm fleißig." Ich deutete hinter mich, wo sich auf der Kommode im Wohnzimmer bereits rund 30 fertige Kreationen stapelten. Bunte Blütengestecke, elegante schwarze Hüte und frühlingshafte Kreationen, aus denen lange Federn herausragten. „In diesem Jahr sind Neonfarben in und Pastell ist auch wieder im Kommen", Susan war wieder in Plauderlaune und setzte sich mit einer Tasse Kaffee an die Nähmaschine. „Manche Leute denken, ich würde die Teile einkaufen und nur zusammenbauen. Doch es steckt viel mehr Handarbeit dahinter. Die Federn müssen alle einzeln eingefärbt, Blüten per Hand genäht und Krempen geformt werden." Ich ging vorsichtig umher und bewunderte die grazilen Kunstwerke. Ich schaute mich um. Susan war wirklich kreativ. Sie verarbeitete bei weitem nicht nur Federn. Muscheln oder Palmen schienen manche ihrer Werke zu inspirieren und wieder andere waren eine reine Farbexplosion. Während Susan ihren Kaffee leerte und mir über ihre aktuellen Kreationen berichtete, nähte sie noch rasch eine Schleife an einen blauen Hut und arbeitete an der neonfarbenen Krempe eines weiteren. Wenig später ließen wir die honigverschmierten Kinder in der Obhut von Susans Mann, einem gutmütigen Rechtsanwalt, dessen geschwungene Nase die griechische Abstammung nicht verleugnen konnte, und machten uns auf zum Rennen.

Mir hatte Susan noch schnell eine ihrer Kreationen, eine delikate, aus Federn geformte Blüte, auf den Kopf gedrückt und die trug ich nun, als wir an diesem regnerischen Samstagmorgen durch dunkle Gänge zum *Fashions on the Field*-Wettbewerb gingen. Doch kaum betraten wir das Innere, hatte ich das schlechte Wetter im Freien auch schon vergessen. Mindestens 50 Frauen in eleganten Kleidern füllten den Raum. Eng taillierte Kostüme, aufwendig bedruckte Kleider und Hüte in allen Formen und Farben dominierten das Bild. So stellte ich mir eine Cocktailparty in den 1920ern vor oder eine blaublütige Hochzeit in Großbritannien. Plötzlich kam ich mir nicht mehr wie ein bunter Vogel vor – hier war ich nur ein kleines Lichtlein.

Die Teilnehmerinnen des Modewettbewerbes waren allesamt durchgestylt, von der Haarspitze bis zum kleinen Zeh. Bewertet wird vor allem das Gesamterscheinungsbild. Wie gut passen Kleidung, Accessoires, Schuhe, Make-up und Hut zusammen? Wie elegant ist das Ensemble? Denn die *Fashions on the Field*-Mode will keine Partykleidung, sondern stilvolle Mode – Röcke und Kleider bis zum Knie und dezente Dekolletés – sehen. Mehr Audrey Hepburn und weniger Paris Hilton heißt es auf der Webseite. Die Mode-Wettbewerbe finden in allen größeren Städten Australiens statt und viele Modefans reisen von Ort zu Ort, um bei den Events ihr Glück zu versuchen. Die Vorjahresgewinnerin des Gesamtwettbewerbes Angela Menz konnte sich über Preise im Wert von über 100.000 Dollar freuen.

Angela Menz durfte natürlich auch heute nicht fehlen, sie war dieses Mal jedoch als Jurorin und nicht als Teilnehmerin dabei. Seit zehn Jahren macht sie bei den Wettbewerben mit und ist heute so etwas wie eine Stilikone der Rennmode geworden – eine echte australische Trendsetterin. Ihr heutiges Outfit hatte sie selbst geschneidert – aus vielen einzelnen Teilen, die sie in Thailand gekauft hatte, erzählt sie in großer Runde. Die Inspiration für ein Outfit käme dabei oft von einzelnen Accessoires wie einer Sonnenbrille oder einem Paar Schuhe. Sämtliche Stücke – Hut wie Kleid – trägt sie aber nur genau einmal. Danach landen sie in ihrem inzwischen schon ziemlich umfangreichen Kleiderschrank und nur Freunde dürfen manchmal das eine oder andere Stück ausleihen.

Ich war neugierig und fragte, wie sie denn überhaupt zu den Pferderennen gekommen sei. Angela grinste, drehte sich um und tippte einem älteren Herrn mit einem kleinen, frechen Strohhut auf dem Kopf auf die Schulter. „Mein Vater wollte mich für die Rennen begeistern. Doch mich interessierte nur die Modeseite daran und so habe ich meinen Vater inzwischen in einen Fashions on the Field-Charakter umgewandelt." Ich musste lachen, denn ihr Vater passte mit seinem akkuraten Anzug, dem perfekt gescheitelten Haar und dem eleganten Strohhütchen in der Tat wie die Faust aufs Auge zwischen all die modischen Damen.

Bei all dem Modespektakel hatte ich beinahe das Pferderennen vergessen. Doch das durfte natürlich nicht fehlen. Und so machte ich mich bibbernd vor Kälte wieder auf den Weg ins Freie und auf zur Pferderennbahn. Während die meisten Frauen der Mode frönten und viele nur zum Spaß und um Leute kennenzulernen zum Rennen zu gehen schienen, konnte man die hartgesottenen Spieler sofort erkennen. Ihr Blick hing starr auf den Bildschirmen an den Wänden und sie reihten sich in langen Schlangen bei den Buchmachern auf, um auf das nächste Pferd zu setzen. Ein Mann direkt vor mir, zog ein dickes Bündel mit 100-Dollar-Scheinen aus seiner Tasche, die er mit einem Gummiband zusammenhielt und drückte seinem Nebenmann mehrere hundert Dollar in die Hand. „Geh und setz das auf Maribo im nächsten Rennen."

Das berühmteste Pferderennen in Australien ist der Melbourne Cup. Er findet immer am ersten Dienstag im November statt. Um drei Uhr Nachmittags schaut die gesamte australische Nation auf die Hauptstadt Victorias. Dort wird offiziell nicht gearbeitet, die gesamte Stadt ist im Wett- und Modefieber. Nirgendwo sonst bekommt man raffiniertere Hüte und Kleider zu sehen.

In sportlicher Hinsicht ist der Melbourne Cup eines der schwierigsten Rennen der Welt. Die Pferde müssen 3.200 Meter zurücklegen und sind dabei teilweise noch mit Gewichten beschwert. Je besser ein Rennpferd ist, umso mehr Extragewicht muss es tragen, damit auch schwächere Teilnehmer einmal zum Zug kommen können. Pferde, die den Melbourne Cup in der Vergangenheit gewonnen haben, wie das legendäre Rennpferd Phar Lap, werden fast wie menschliche Stars verehrt.

Phar Lap war der Held der 1930er Jahre und gewann zwischen 1928 und 1932 insgesamt 37 von 51 Rennen. Darunter war auch der Melbourne Cup 1930. Als er zwei Jahre später an einer geheimnisvollen Krankheit starb, munkelten viele, dass er vergiftet worden sei. Dies ist jedoch nie bewiesen worden. Nach seinem Tod stellte man fest, dass sein Herz doppelt so groß war, wie das von anderen Pferden. Phar Laps Herz ist noch heute zu sehen. Es wird im National Museum of Australia in Canberra ausgestellt.

Vielleicht liegt es daran, dass Australien doch irgendwie ab vom Schuss liegt, aber Australier betreiben gerne ein wenig Kult um ihre australischen Produkte, seien es ihre Hollywoodstars wie Nicole Kidman oder Hugh Jackman, Pferde wie Phar Lap oder die typischen australischen Markenprodukte wie den Ute. Der *Ute* – kurz für *Utility* (Nutzwert) – ist DAS australische Auto. Es besteht halb aus Kabine und halb aus einer offenen Ladefläche und wurde in den 1930ern entwickelt. Eine Farmersfrau hatte sich in einem Brief an die Ford Fabrik in Geelong in Victoria beschwert. „Warum bauen Sie nicht ein Fahrzeug, mit dem man sonntags zur Kirche fahren und montags die Schweine zum Markt bringen kann?", wetterte sie, denn Geld für zwei Autos hatten sie und ihr Mann nicht und das einzige Fahrzeug war ein Arbeitstruck mit verschmutzten, offenen Sitzen. Die Autofirma reagierte tatsächlich und beauftragte Lewis Brandt mit einem Entwurf. Heraus kam der Ute, halb Auto, halb Arbeitstruck und seine Beliebtheit bei Handwerkern und Farmern ist bis heute ungebrochen. Einmal habe ich einen parkenden Ute in der Straße fotografiert, der stolz auf der Scheibe kleben hatte: „Real Aussies drive Utes".

Die Aussies haben ein Herz für den *Underdog*. Ein armer Musiklehrer, der das „Australian Idol" (Australien sucht den Superstar) gewinnt? Ein Bauarbeiter, der als Modell brilliert, eine junge Sängerin, die von ihrer Familie verstoßen in einer Adoptivfamilie groß wurde? Da öffnen sich die Herzen der Nation.

Als ich für einen Artikel einmal den Multimillionär John Symond traf, der es als solch ein Underdog zu Ruhm und Ehre geschafft hatte, erzählte der mir freudestrahlend, wie die Leute noch heute nicht neidisch auf ihn seien, sondern ihn immer noch beglückwünschten. „Auf der Straße kann ich keine 20 Meter gehen, ohne dass Leute auf mich zukommen und mir auf die Schulter klopfen oder mich ansprechen." Symond stand Anfang der 1990er vor dem Nichts. Er war mit einer Firma pleite gegangen und verlor alles: Seine Ersparnisse, seine Firma, sein Familienhaus und sogar seine Ehefrau. Und war dabei immer noch mit mehreren Millionen verschuldet. Doch statt sich in einem Schneckenhaus zu verkriechen und sich zu bedauern, stieg Symond wie der Phönix aus der Asche. 1992 gründete er die *Aussie*

Home Loans, den ersten Hypothekenverleih Australiens, der keine Bank war. Symond war zu hundert Prozent überzeugt von seiner Idee. „Der Verbraucher war absolut schutzlos. Die Banken bestimmten die Preise. Sie hatten höhere Zinsen als irgendwo sonst in der westlichen Welt." Banken waren zwischen 10 und 15 Uhr geöffnet, die Leute mussten in ihrer Mittagspause Schlange stehen für einen Kredit, der dann meist auch noch abgelehnt wurde. „Es war wie in einem Kartell", erinnerte sich Symond in unserem Gespräch. Trotzdem dauerte es acht Jahre, bis Aussie Home Loans wirklich Geld abwarfen, doch heute arbeiten über 1.000 Leute für „Aussie John", wie Symond im Volksmund liebevoll genannt wird und er gehört zu den reichsten Männern des Fünften Kontinents.

Doch sein gemütliches Aussehen durfte einen nicht täuschen. Während wir auf den knallroten Sesseln in seinem Büro saßen und Symond über seine Erfolge plauderte, verstand ich, dass nicht nur Glück dahinter steckte. Er arbeitete extrem hart und er war hartnäckig. „Wissen Sie, warum Sie ein Interview mit mir bekommen haben? Weil Sie hartnäckig waren." Ich schluckte. Ja, ich war wohl eher nervig gewesen. Ein halbes Jahr lang war ich seinem PR-Mann hinterher gerannt und hatte immer wieder um ein Interview gebeten, bis sich Symond schließlich erwärmen ließ. Symond war aber auch eine zu gute Geschichte. Er war der Inbegriff des australischen Traumes. Er wurde 1947 in Australien geboren, als Kind einer libanesischen Einwanderer-Familie. Die Eltern waren als Kinder nach Australien gekommen, eigentlich durch Zufall, denn Symonds Großvater dachte, das Schiff führe nach Amerika. Er ist das dritte von insgesamt sieben Kindern. Seine Eltern arbeiteten sieben Tage die Woche, taten alles, um ihren Kindern „ein besseres Leben" zu ermöglichen. Sie starteten mit einem Obst- und Gemüseladen, eröffneten noch einen und dann noch einen, bis der Vater irgendwann in die Bauindustrie einstieg. Häufig zog die Familie um, Symond ging auf insgesamt elf Schulen.

Später studierte er ein bisschen Kunst, ein bisschen Zahnmedizin, ein bisschen Recht. Doch einen Abschluss hat er nicht in der Tasche. Macht ihn das so sympathisch? „Ich glaube, meine eigentliche Stärke ist, dass ich nach wie vor den kleinen Mann auf der Straße verstehe. Nicht umsonst fahren die Müllmänner auf der Straße langsamer, wenn sie mich sehen und sagen erstmal hallo." Symond ist bekannt wie ein bunter Hund, nicht zuletzt, weil er bis heute seine Werbung selbst macht. „Ich bin nach wie vor das Gesicht der Firma – ein freundliches Gesicht in einer gesichtslosen Industrie", sagte er. Symond plauderte gerne, doch er schaute auch schon wieder zur Uhr. Unsere Stunde war um. Das nächste Meeting wartete. Doch er drückte mir noch seine Visitenkarte in die Hand und damit war ich entlassen.

Als ich wieder inmitten des Menschentrubels in der George Street stand, nahm ich mir vor, als nächstes sein Privathaus unter die Lupe zu nehmen. Nachdem Symond jahrzehntelang nur gearbeitet hatte, schien diese Art zu wohnen eine „kleine" Belohnung für ihn zu sein. Er hatte sich das Haus auf einem 10,5 Millionen Dollar teuren Grundstück, direkt am Hafen Sydneys bauen lassen. Mit 1993 Quadratmetern über vier Stockwerke, mehreren Wohnbereichen und Terrassen, einem Kino, einem Raucherzimmer, einer Bibliothek, einem Ankleideraum, fünf Schlafzimmern, zehn Parkplätzen und insgesamt zwölf Toiletten – mehrere mit Meerblick, war es schon recht prächtig, obwohl man von der Straße nicht allzu viel zu sehen bekam. Ich notierte mir, dass der Fotograf wohl in ein Wassertaxi investieren musste, um ein Foto von Symonds Haus zu schießen.

Als ich Michael und seinen inzwischen besten Freund Luke dann später zum Mittagessen traf, erzählte ich den beiden natürlich von meinem Treffen mit Symond. Luke war sofort Feuer und Flamme und begann, seine *Underdog*-Geschichten zum Besten zu geben. „Hast du denn schon von Steven Bradbury gehört? Der hat 2002 das Eislaufen während der Winterolympiade gewonnen, obwohl er der absolute Außenseiter war. Aber alle seine Gegner waren im Rennen gestürzt. Seitdem nennen wir es ‚doing a Bradbury', wenn einer nicht bereit ist aufzugeben und immer positiv bleibt." Seine Augen wurden glasig. „Und dann bei der Olympiade in Sydney ...", fuhr er fort. Luke seufzte angesichts der freudigen Erinnerung. Seufzen und verklärte Blicke waren mir schon häufiger aufgefallen, wenn Sydneysider von der Olympiade im Jahre 2000 erzählten. Sie wurden nostalgisch, als ob sie von einer besseren Zeit sprachen, die nicht wiederkommen könne. Mit feuchten Augen erzählte Luke weiter: „Erinnerst du dich noch an ‚Eric the Eel'?" Ich schaute ihn verständnislos an. War das ein australischer Schwimmer, der mehrere Goldmedaillen gewonnen hatte? Luke schüttelte ungeduldig den Kopf. „„Eric the Eel' oder Eric Moussambani ist ein olympischer Schwimmer aus Äquatorialguinea in Westafrika." Er hörte sich plötzlich wie ein Lehrer an. „Und was war das Besondere an ihm? Hat er eine Medaille gewonnen?" Luke verdrehte die Augen. „Nein, natürlich nicht. Aber er war beim 100 Meter Freistil so schlecht, dass er uns allen leid getan hat. Er hatte doch erst wenige Monate vor den Olympischen Spielen Schwimmen gelernt und noch nie ein 50-Meter-Becken gesehen." Er legte seine Stirn in Falten. Ich schaute Luke an und musste lächeln. Er war doch wirklich ein guter Kerl, wenn auch ein wenig *rough around the edges* (ein wenig ungeschliffen).

Kapitel XI

Oh Gott – ein Deutscher

„Hoch soll er leben, dreimal hoch." Schräg gegenüber unserer Wohnung feierte jemand Geburtstag. Lautstark. Zunächst dachte ich mir wenig dabei, bis sich die deutschen Worte aus meinem Unterbewusstsein herausschälten. „Hey, die singen ja auf Deutsch", rief ich Michael zu, der im Nebenzimmer wild am Computer tippte. „Hast du es auch schon gemerkt?", kam es etwas genervt zurück. Aha, da schien jemandem die Musik nicht zu gefallen. Wenig später musste ich Michael Recht geben. Das nächste Lied war der Ententanz und danach schallte „Muss i denn, muss i denn zum Städtele hinaus" durch die Nachbarschaft. Das war ja beinahe schon peinlich. Aber wer wusste schon, wie alt das besagte Geburtstagskind war. Ich ging zum Balkon und schaute hinaus. In einem der Nachbargärten konnte ich ein weißes Partyzelt durch die Palmen blitzen sehen. Offensichtlich war es eine größere Gruppe, die zusammensaß und zu den Klängen eines Akkordeons mitschunkelte. Einige hörte ich sogar mitsingen. Die Geschmäcker waren eben verschieden, auch unter deutschen Einwanderern.

Eine Stunde später schallte die Musik noch immer lautstark vom Nachbarhaus herüber. Michael hielt sich die Ohren zu und ging zum Gegenangriff über. Erst schleifte er lautstark einen Balken ab. Jetzt hielt ich mir die Ohren zu. „Das ist doch jetzt nicht dein Ernst." Er schleifte weiter, doch die Musik war nicht zu übertönen. Einem anderen Nachbarn wurde es wohl ebenfalls zu viel. Er fing an, den Rasen zu mähen. Akkordeonklänge, Schleifmachine, Rasenmäher – mit der Ruhe war es nun endgültig vorüber. Ich ging wieder ins Haus und fing an das Abendessen vorzubereiten. Als wir eine weitere Stunde später bei „Das Wandern ist des Müllers Lust" Spaghetti mit Garnelen in einer Weißwein-Sahnesoße aßen, platzte Michael endgültig der Kragen. „Das halte ich nicht mehr aus." Er legte eine Coldplay-CD ein und stellte den CD-Player auf die höchste Lautstärke. Von hinten dröhnte mir nun „Violet Hill" entgegen und von vorne „An der Nordseeküste". Die Mischung war gewöhnungsbedürftig. Ich nahm einen Schluck Wein, der beim Kochen übrig geblieben war und versuchte, die Spaghetti gekonnt mit meiner Gabel aufzurollen. Dabei rutschte eine Garnele vom Teller. Ich legte frustriert die Gabel daneben. „Jetzt halte ich das auch nicht mehr aus. Mach den CD-Player wieder aus. Wir machen einfach alle Fenster und Türen zu und essen drinnen. Dann ist es nicht so schlimm."

Es hatte nicht wirklich etwas mit diesem Erlebnis zu tun, aber in den ersten Monaten mieden wir alles Deutsche, wo wir nur konnten. Wir waren verrückt darauf, so viele Australier wie nur möglich kennenzulernen. Hörten wir irgendjemanden deutsch sprechen, machten wir einen großen Bogen um ihn. Deutsche kannten wir ja schon genug, die mussten wir im neuen Land nicht schon wieder um uns haben, so unsere Überlegung. Ungern gab ich mich auch selber als Deutsche zu erkennen, doch der Akzent verriet mich häufiger als mir lieb war.

„Hello, one breadstick, please." „Hey, you're from Germany!", lächelte mich der Bäcker freundlich an. „Woher wissen Sie das denn?" Seine Frau sei aus der Schweiz, er kenne unseren Akzent halt einfach, plauderte er fröhlich weiter, packte mein Brot ein und verabschiedete mich herzlich. Auch andere Auswanderer erkannten mich an meinem Akzent, an den blonden Haaren, an den blauen Augen oder auch nur an der Art und Weise, wie ich mich kleidete. Und so war oft kein Ausweichen möglich.

Als ich wieder einmal auf der Fähre vom Circular Quay zurück nach Cremorne Point fuhr und mit dem Fährmann Harry plauderte, sprach mich eine junge Frau mit lockigen dunklen Haaren an. Sie selbst kam aus Österreich und hatte mich an meinem Akzent erkannt. Wir kamen ins Gespräch und siehe da, sie stammte aus der gleichen Gegend wie ich – nur ein Fluss hatte uns getrennt. Sie war im österreichischen Teil aufgewachsen und ich im bayerischen. Und in Sydney wohnten wir auch noch in der gleichen Gegend. „Kennst du noch andere Deutsche oder Österreicher?", fragte sie mich. Ich druckste herum. „Nein, bisher noch nicht." Hätte ich die Wahrheit gesagt, hätte ich sagen müssen, ich will auch gar keine kennenlernen.

Ich bin doch nur für ein Jahr hier, da will ich Australier kennenlernen und keine anderen Ausländer. Doch Michaela war einfach zu freundlich, da brachte ich diese Antwort nicht übers Herz. „Nein, bisher noch nicht. Wir sind noch nicht so lange hier. Und du?" „Ich bin schon ewig hier." Sie lachte etwas wehmütig. „Ich habe hier studiert, jetzt habe ich einen australischen Freund und wir leben zusammen in einem Haus ganz oben an der Milson Road." „Und gefällt's dir nicht?" Ich wusste ihren Gesichtsausdruck nicht ganz zu interpretieren. „Doch, aber ich hab auch ziemliches Heimweh. Nach meiner Mama und nach Österreich. Nach dem Essen, den Leuten, den Bergen ... Es ist immer ein emotionales Auf und Ab bei mir", grinste sie etwas schuldbewusst. „Bist du nach so langer Zeit nicht schon eher Australierin als Österreicherin?" Michaela musste lachen: „Nie, auch wenn die meisten Leute das *Australian* und *Austrian* ständig durcheinander bringen. Du wirst schon merken, deine Eigenarten kannst du nicht ablegen. Ich würde nie barfuß ins Restaurant gehen, im Winter mit Flip-Flops rumlaufen oder im Sommer mit Ugg-Boots. Das ist mir einfach nicht angeboren." Ich schaute sie von oben bis unten an. Sie war schick in ein dunkelblaues Ensemble gehüllt, dezent geschminkt, eine Sonnenbrille steckte im Haar. Nein, wie eine typische Australierin sah sie tatsächlich nicht aus oder war das nur meine eigene europäische Sichtweise der Dinge?

In den folgenden Tagen trafen wir uns noch öfter auf der Fähre oder beim Spazierengehen. Ich liebte den Spaziergang, der einmal rund um unsere geliebte Halbinsel Cremorne Point führte. Auf der Seite, die sich zur Stadt wandte, eröffnete jede Biegung einen neuen Blick auf die Stahltürme der Innenstadt, die Brücke und das berühmte Opernhaus. Immer wieder gab es unterschiedliche Ausschnitte, jedes Mal fiel mir etwas Neues auf. Am Abend war der Hafen oft voller bunter Segelboote, das Twilight-Segeln zur Dämmerung war im Sommer eine beliebte Beschäftigung vieler Sydneysider. Am Morgen traf ich dagegen auf die Frühsportler, die in dem kleinen Meerwasserpool in Cremorne Point ihre Bahnen zogen. Die „Rückseite" der Halbinsel, die auf den edlen Stadtteil Mosman blickte, hatte aber ebenfalls eine Menge Charme. Es dauerte nicht lange, da wusste ich, in welchem

Baum ein Possum schlief, wo ein Eulenschwalm sich an einen Ast kuschelte und fast selbst wie ein Teil desselben aussah. Je nach Jahreszeit färbten die Jacarandabäume den Spazierweg violett oder die Frangipanibäume öffneten ihre zarten weißen Blütengebilde.

Michaela mochte den Spazierweg genauso gerne wie ich und außerdem besaß sie einen knuddeligen, kleinen Westi, der ja auch Gassi gehen musste. So taten wir uns bald zusammen und freundeten uns schneller an als gedacht. Dass ich eigentlich nur Australier kennenlernen wollte, war damit hinfällig. Irgendwie tat es ganz gut, mit jemandem außer Michael ab und zu mal deutsch sprechen zu können und über gemeinsame Erinnerungen aus der Jugend zu plaudern. „Kannst du dich noch an die ‚Biene Maja' erinnern? Das war immer meine Lieblingssendung als Kind. Und zu Weihnachten habe ich immer ‚Drei Haselnüsse für Aschenbrödel' geschaut." „Ja, ich auch, das gibt's doch nicht." „Und erinnerst du dich noch an diese Ostereier, die man nur beim Bäcker kaufen konnte und die halb mit Vanillecreme und halb mit Himbeercreme gefüllt waren?" Themen, die eigentlich trivial waren, erfreuten uns beide ungeheuerlich. Wir teilten eine gemeinsame Vergangenheit und gemeinsame Erinnerungen, etwas das ich mit meinen neuen australischen Freunden nicht gemein hatte. Denn wenn Luke oder Susan über ihre Kindheit, die Zeit in der Schule oder legendäre Rugbyspiele sprachen, dann waren wir außen vor.

Durch meine Freundschaft mit Michaela sah ich meinen Drang nach „australischen" Freunden entspannter. Und je länger wir im Ausland waren, desto mehr sehnten auch wir uns nach heimischen Geschmacksrichtungen. Ich recherchierte deutsche Metzgereien und Bäckereien, kaufte Brezen in großen Mengen und fror sie im Gefrierschrank ein. Wie ein Kind freute ich mich, als eine Metzgerei in unserer Nähe Weißwürste verkaufte und eine andere Leberkäse zum Selberbacken anbot. Besonders zu Weihnachten wurde ich nostalgisch. Ich fing an Stollen, Vanillekipferl und Lebkuchen zu backen und am Weihnachtstag briet ich trotz 35 Grad Hitze eine Ente mit Knödeln. Susan, die ganz australisch feierte – mit kalten Garnelen und Schinken – schüttelte den Kopf über mich. „Where do these Knodel come from?" „Woher kommen diese Knödel?" Sie konnte das „Ö" einfach nicht aussprechen. Ihr australischer Akzent war aber zu charmant, als dass mich das hätte stören können. „Aus dem Altersheim." „Wie bitte?" „Ja, es gibt da dieses Altersheim in unserer Nähe, in dem unglaublich viele ältere Deutsche und Österreicher leben. Immer dienstags hat dort ein kleiner Tante-Emma-Laden offen und verkauft deutsche Waren: Knödel, Marzipan, Blaukraut, Spätzle und so weiter." Susan amüsierte sich. „Ist das wirklich wahr? Du willst mir wohl einen Bären aufbinden?" „Nein, natürlich nicht. Die Knödel waren zwar etwas teuer – ich habe sieben Dollar dafür bezahlt, aber dafür habe ich jetzt Original-‚Pfanni'-Knödel." „Was ist denn ‚Pfanni'?" Susan schaute mich fragend an. „Ihr habt auch zu lustige Namen in eurer Sprache." Ich kommentierte das mal nicht weiter. Und so war Michaela wieder die Einzige, die meine Knödel-Begeisterung nachvollziehen konnte und die nach meiner Erzählung beschloss, selbst demnächst auszurücken und den Tante-Emma-Laden zu begutachten. Allerdings hatte sie es nicht so eilig wie ich, denn sie hatte am Vortag ein Paket ihrer Mutter aus Österreich erhalten, dessen Inhalt sie mir stolz anbot. Es war eine Schachtel, bis oben hin mit kunstvollen Plätzchen gefüllt: Vanillekipferl, Schokoknöpfe und Spitzbuben. „Die sehen ja unglaublich schön aus. Aber wie habt ihr das durch den Zoll gekriegt?" Michaela zuckte mit den Schultern. „Ist wohl nicht kontrolliert worden. Hier nimm einen." Ich ließ meine Augen an den sorgfältig gestapelten Reihen entlangziehen und wählte einen Schokoknopf aus. „Mhm, die sind ja ein Gedicht." Die Schokolade schmolz geradezu auf der Zunge

Doch Weihnachten entwickelte sich trotz Knödel und Plätzchen zu meinem größten Problem. Bei warmen Temperaturen wollte sich bei mir einfach nicht die nötige Besinnlichkeit einstellen. Die Plätzchen schmeckten mir nicht wie zu Hause und mein Marzipanbrot kam flach aus dem Ofen. Offenbar funktionierte das Rezept nicht mit dem australischen Backmarzipan, das anscheinend nur als Glasur zu verwenden war. „Lass uns versuchen, die australischen Traditionen ein wenig zu übernehmen", schlug Michael vor. Und so stellten wir den Weihnachtsbaum schon Anfang Dezember auf. Da der aufgrund der Hitze aus Plastik sein musste, nadelte er auch nicht. Erst war ich skeptisch, als Michael den Karton mit diesem „Fertig-Baum" anschleppte, die Zweige nach Farbmarkierung sortierte und schließlich begann, ihn wie ein Legospielzeug zusammenzubauen. Doch das Endresultat konnte sich sehen lassen. „Der sieht ja richtig echt aus." Michael nickte. „Und er nadelt nicht, kostet uns nächstes Jahr keinen Cent und rettet einem echten Bäumchen das Leben." Ich räusperte mich: „Das wollen wir zumindest hoffen." Doch seine Argumentation hatte mich überzeugt. Auch die anderen „falschen" Weihnachtsbäume, die ich in der Stadt und vor allem in der berühmten Einkaufspassage – dem Queen Victoria Building - sah, brauchten sich nicht zu verstecken. Der Baum im Queen Victoria Building erstreckte sich im offenen Innenraum des Kaufhauses über mehrere der offenen Etagen bis hin zur Decke des altehrwürdigen Gebäudes. In manchen Jahren war er über und über mit gläsernen Kristallen behangen und besaß in seiner Gewaltigkeit eine geradezu überirdische Präsenz.

Die Weihnachtszeit war voller Termine. Wahrscheinlich lag es am guten Wetter, aber wir waren jedes Wochenende irgendwo eingeladen. Einige von Michaels Kollegen hatten uns während solch eines Abends von den *Christmas Carols* erzählt, einem Liederabend, den viele australische Gemeinden kurz vor Weihnachten zelebrierten. „Wenn du bisher nicht in Weihnachtsstimmung bist, klappt es danach dann ganz sicher", versicherten mir alle. Und so machten wir uns eines Abends mit hohen Erwartungen auf den Weg zu den *Christmas Carols* am Balmoral Beach – und wurden nicht enttäuscht. Der Strand, der zum Nobelstadtteil Mosman gehörte, hatte sich den Charme früherer Zeiten bewahrt: Ein edler, weißer Pavillion zierte die Esplanade und Villen – eine schicker als die andere – stapelten sich auf dem Hügel, der sich steil hinter dem Strand in die Höhe zog. Es war eine laue Nacht, die meisten hatten nur ein dünnes Jäckchen mitgebracht. Kinder rannten mit Leuchtstäben umher, die Eltern stießen mit Sekt oder einem Glas Weißwein an. Ein Geiger stimmte sein Instrument. Die Atmosphäre war fröhlich und ausgelassen. Die einen bauten Klappstühle auf, die anderen suchten sich ein freies Plätzchen, um eine Decke auszubreiten und ihren Picknickkorb aufzustellen. Und wieder andere reihten sich in die immer länger werdende Schlange an der *Fish and Chips*-Bude ein. „Na, wenn das nicht stimmungsvoll ist?" Michael versuchte gute Laune zu verbreiten. Je näher Weihnachten rückte, umso mehr kam mein Heimweh zutage, wohingegen er sich nicht hätte wohler fühlen können. Aber er hatte ja vollkommen Recht. Wie konnte man es hier nicht mögen. Der Liederabend war stimmungsvoller als jeder Weihnachtsgottesdienst, den ich bisher erlebt hatte, und als eine der Sängerinnen am Ende „Stille Nacht, heilige Nacht" sang und ich in die Tausenden glitzernden Sterne des südlichen Nachthimmels schaute, spürte ich deutlich, wie sich eine Gänsehaut über meine Arme zog.

Am zweiten Weihnachtsfeiertag, der in Australien *Boxing Day* heißt, waren wir bei Michaels Chef eingeladen. Michael war der einzige Ausländer im Büro, der keine Familie in Australien hatte und zudem neu im Land war. „Ich will auf keinen Fall, dass ihr an Weihnachten nur alleine seid", sagte er zu Michael. „Kommt am 26. zu uns. Wir haben so viel Familie, da fallen zwei mehr gar nicht auf." Nico – wie ihn alle nannten (ich weiß bis heute nicht, wie er eigentlich mit vollem Namen heißt) hatte drei Kinder und ein für mich unvorstellbar großes Haus, das über fünf Etagen in einen Hügel hineingebaut war. Der Eingang befand sich dabei auf der obersten Etage und danach konnte man dann Stockwerk für Stockwerk nach unten gehen. Drei Wohnebenen, eine Schlafebene, ein Freizeitraum mit Pool und Bar. Vom Freizeitraum aus war eine Terrasse diffizil aus dem Hügel heraus gebaut worden. Sie stand auf Stelzen und ragte mehrere Meter über den Abgrund, der steil zum Meer hinunterfiel.

Nico und seine Frau Lynda waren die herzlichsten Menschen, die ich je kennengelernt hatte. Obwohl Nico eine recht hohe Position in der Firma bekleidete, hatte er keine sonderlichen Attitüden. Trotz des Familienfestes war er in Shorts und T-Shirt gekleidet und Lynda in ein einfaches Sommerkleid. Wir waren pünktlich und somit die ersten Gäste. Nico führte uns deswegen erst einmal im Haus herum.

Als wir auf der Terrasse der untersten Ebene ankamen, beugte ich mich über das Geländer und sah einen Bootsanleger am Fuße des Hügels. Kein Weg führte hinunter, der Berg wäre auch zu steil und steinig gewesen. Ich schaute Nico fragend an: „Ist das dein Boot da

unten? Wie kommst du da hin?" Nico grinste. Offensichtlich hatte er
sich bereits auf diese Frage gefreut. Er deutete auf einen rechteckigen
Kasten, der wie ein offener Sarg aussah. „Damit." Michael konnte sein
Erstaunen nicht zurückhalten: „Damit? Ist das denn sicher?" Nico
schüttelte belustigt den Kopf. „Na klar ist das sicher. Das ist ein soge-
nannter *Inclinator*. Ein Miniaturaufzug. Den haben hier viele. Manche
Häuser sind nur mit so einem Aufzug zu erreichen. Kommt, ich führe
ihn euch vor." Wir quetschten uns zu dritt in den vergitterten Kasten.
Ich schaute Michael ein wenig besorgt an. War das wirklich sicher? Ich
musste schlucken. Nico bemerkte meinen sorgenvollen Blick glücklicherweise nicht und verriegelte die Gittertür. „Achtung, es geht los."
Er drückte auf einen breiten grünen Knopf und wir ruckelten mit viel
Geächze und Gewackele in die Tiefe. „Der Aufzug ist die beste Sache
hier im Haus", erzählte Nico weiter, dem es immer noch nicht aufgefallen war, dass wir doch sehr ruhig waren. Wahrscheinlich glaubte
er, dass wir den wunderschönen Ausblick auf die Bucht vor seinem
Haus genossen. In einem Stück unten angekommen, konzentrierten
wir uns wieder auf die Aussicht. „Das ist wirklich idyllisch hier, Nico",
sagte Michael. „Geht ihr hier auch schwimmen?" „Nein, das ist zu
gefährlich. Gerade in den Buchten tummeln sich doch ganz schön
viele Stierhaie. Ab und zu haben wir den Hund schon reingelassen,
aber dann ist der Hund von unserem Nachbarn auf der anderen Seite
der Bucht beim Schwimmen verschwunden. Wahrscheinlich hat ihn
einer erwischt. Seitdem sind wir vorsichtiger. Aber ich fahre mindestens ein- oder zweimal in der Woche zum Fischen raus. Das ist mein
Ausgleich zur Arbeit."

Als wir wieder oben ankamen, waren bereits weitere Gäste einge-
trudelt: Tante Jane und Onkel Ed, Cousine Sarah und ihre drei kleinen Jungs, die sie wie Orgelpfeifen nebeneinander aufgereiht hatte,
damit sie brav „Merry Christmas" sagten. Lynda hatte ein riesiges
Buffet aufgebaut. Ein großer, glasierter und mit Nelken verzierter
Schinken war das Prachtstück in der Mitte. Auf einem weiteren Teller
lagen gekochte Garnelen, verschiedenste Salate, frisches Brot und ein
riesiger *Christmas Pudding*, ein schwerer mit Rosinen und Sultaninen
gefüllter Kuchen, der mit *Custard* – einer Vanillesoße - serviert wird.
Obwohl es erst Mittag war und zudem fast unerträglich heiß, tranken

alle Sekt oder Wein. Bald war die Stimmung noch ausgelassener und heiterer und als mir ein älterer Herr – ein Onkel von Lynda – eine Art überdimensionales Knallbonbon vor die Nase hielt, dachte ich zunächst an einen Trinkscherz. Lynda, die die Sache durchschaute, musste lachen. „Das ist ein Weihnachts-Cracker. Du musst daran ziehen. Wer das große Stück bekommt, darf die Papierkrone aufsetzen und das Geschenk behalten." Ich schaute wohl immer noch ein wenig skeptisch, doch dann zog ich kräftig an dem Ende, das mir Onkel John (oder war es Sam?) entgegen streckte. Es knallte und ich hielt das größere Stück in der Hand. John oder Sam lachte und meinte: „Du hast gewonnen. Jetzt musst du die Krone aufsetzen." Er hob eine Papierkrone auf, die aus dem Knallbonbon gefallen war, faltete sie auseinander und stülpte sie mir über den Kopf. Ich sah mich ein wenig beunruhigt um, doch um mich herum knallte es an allen Ecken und Enden und immer mehr der Gäste trugen solch eine Papierkrone auf dem Kopf. „Was war sonst noch drin?" Ich zog eine Miniaturpinzette heraus und einen winzigen Zettel: „What do you call an angry kangaroo?" „Hopping mad." John oder Sam bog sich vor Lachen. „Das ist ja zu lustig." Ich schaute ihn überrascht an. Ich hatte es auf den ersten Blick nicht einmal für einen richtigen Witz gehalten. Man musste wohl doch ein oder zwei Gläser Wein intus haben, damit das Ganze funktionierte. Ich lachte höflich mit und suchte mir dann selber einen Christmas Cracker, den ich Michael entgegenstreckte. Auch wenn die Witze nicht meinem Humor entsprachen, so war das Ganze doch eine lustige Aktion, die eine getragene Familienparty aufheiterte. „Und es knallt so schön laut, dass es keiner merkt, wenn du dich zur gleichen Zeit deines Erzwidersachers in der Familie entledigst", Nico lachte über seinen eigenen Witz und streckte Michael ein weiteres Knallbonbon entgegen. Michael grinste ebenfalls. „Wir sollten diese Weihnachts-Cracker auch in Deutschland einführen."

Deutsche gab es in Australien wirklich genug. Auch Schweizer schienen stark vertreten zu sein, doch die Gemeinde der Österreicher war dagegen winzig. Zumindest in Sydney kannte man sich und zu Gelegenheiten wie dem Nationalfeiertag oder einem europäischen

Volksfest besuchte der Konsul persönlich den kleinen österreichischen Club. Letzterer bestand aufgrund des Mangels an Österreichern hauptsächlich aus Deutschen, die dann kurzzeitig als Aushilfs-Österreicher fungierten. Anlässlich des europäischen Volksfestes hatte auch ich mich zum Mithelfen überreden lassen. Schließlich ging es darum, die europäische Gemeinde gut aussehen zu lassen, da mussten alle mithelfen. Als Auslandskorrespondent fand ich, gehörte das dazu. Das Volksfest selbst bestand aus einem Sammelsurium an Ständen – billigem Ramsch aus China, der nicht unbedingt als europäisch durchging, aber immerhin auch Holzspielzeug und Kristalle, Bratwürste, Poffertjes und Schweizer Kekse.

Der österreichische Club briet an einem Stand Bratwürste und Leberkäse und ich hatte versprochen, das „Marketing" zu übernehmen. So rannte ich an einem Samstagmittag mit Lederhose und Trachtenhemd bekleidet in einem Bierzelt umher und versuchte, Australiern zu erklären, was Leberkäse ist und warum sie ihn zudem noch kaufen sollten. Ich war halbwegs erfolgreich mit meinem Versuch, gewürfelten Leberkäse an Mann, Frau und Kind zu bringen und die meist positiv überraschten Kunden dann zur Kasse zu bugsieren, um eine ganze Scheibe einzukaufen. Doch nach einigen Stunden wurde die Sache mühsam und mir hingen meine vorbereiteten Sätze schon zum Hals heraus: „Have you tried Leberkäse? It's like a meat loaf, a typical Austrian speciality!" Gegen 13:30 Uhr kam endlich etwas Bewegung in die Sache. Der österreichische Konsul kam höchstpersönlich am Stand vorbei und bekam als Dankeschön dann auch die schönste Bratwurst auf dem Grill serviert. Für Leberkäse war er nicht zu haben. Der Konsul selbst war eher untypisch – geradezu jugendlich und durchtrainiert, mit einem charmanten Akzent, der mich an Arnold Schwarzenegger erinnerte. Seine Muskeln ließ er in einem kurzen Polohemd ebenfalls spielen. Mussten Konsule und Botschafter nicht eigentlich immer graue Anzüge mit Kravatte tragen?

Wenig später nahm der Herr Konsul seinen offiziellen Platz am langen Tisch im Hauptzelt ein, denn die europäischen Clubs sollten in einem Umzug ihre Kultur zum Besten geben. Eine Gruppe armenischer

Kinder baute sich in traditionellen Kostümen auf und eine schottische Dudelsackband stimmte ihre Instrumente ein. Dann kam auch John, der Präsident des österreichischen Clubs mit einer großen Fahne an. John hatte einmal einen klingenden österreichischen Namen besessen, doch da den in Australien keiner aussprechen konnte, hatte er sich kurzerhand umbenannt. John war weit über 80 Jahre alt, doch ähnlich fit wie der jugendliche Konsul. Das Bergsteigen in der Jugend muss den Österreichern gut tun, dachte ich mir. Während ich das Getümmel aus Dudelsackspielern und armenischen Tänzern beobachtete, übersah ich, dass John einen Überfall auf mich vorhatte. „Barbara, wir haben zu wenig Österreicher. Ein paar Deutsche vom Club gehen noch mit beim Umzug. Aber wir sind einfach nicht genug." Ich schaute seine kläglich kleine Truppe an. John war der einzige Mann, der Rest waren Frauen, keine unter 70 Jahren. Ich schluckte. Führte das nicht ein wenig zu weit? Andererseits hatte mich in der Jugend nur ein Fluss von der österreichischen Seite getrennt. „Was soll´s. Ok, John, ich gehe auch mit." „Wunderbar. Eine der Frauen stürzte sich auf mich und band mir ein rotes Halstuch um. „Das sieht dann richtig echt aus." Ich nickte und reihte mich hinter den Dudelsackspielern und John mit seiner österreichischen Flagge ein und marschierte in den kommenden zehn Minuten als Österreicherin getarnt durch die Menschenmenge. John bekam uns sogar noch dazu, allen freundlich zuzuwinken und zu lächeln. „Ich fühle mich fast wie die Queen", flüsterte ich meiner Nachbarin zu, die trotz ihres fortgeschrittenen Alters ein fesches Dirndl mit weit ausgeschnittenem Dekolleté trug und sich auch nicht zu verstecken brauchte. Sie lächelte mich freundlich an. „Also bitteschön, wenn dann schon wie die Sissi, ja?"

Als ich nach einem halben Tag europäischem Volksfest erschöpft wieder zu Hause ankam, konnte sich Michael vor Lachen kaum mehr beruhigen. „Jetzt bist du also auch noch Aushilfs-Österreicherin. Ich hoffe, man dankt dir das." Ich druckste herum. „Ob du es glaubst oder nicht. Der Konsul hat sich nach dem Umzug tatsächlich persönlich bei mir bedankt." Michael lachte noch immer. „Vielleicht verleihen sie dir bald noch die Ehrenbürgerschaft, wo sie doch so wenige sind. Michaela fände das bestimmt gut."

Wenig später recherchierte ich für einen Artikel die Geschichte des australischen Weines, der sich auch in Europa immer größerer Beliebtheit erfreut. Und interessanterweise entwickelte sich die Geschichte zu einer eher deutschen Angelegenheit – mehr als ich es je für möglich gehalten hätte.

Die Geschichte des australischen Weines war so alt wie die erste weiße Besiedlung des Landes. Gouverneur Phillip brachte bereits 1788 Rebstöcke mit der „Ersten Flotte" vom Kap der guten Hoffnung und aus Rio de Janeiro nach Australien. Doch die Reben brachten nicht sofort den erwünschten edlen Tropfen. Erst ab etwa 1820 gab es Wein in Australien zu kaufen und ab 1822 schickten die Siedler die ersten Flaschen nach Übersee. Experimente, die die ersten deutschen Winzer, die einige Jahre später ankamen, noch wenig kultiviert fanden. Caspar Flick, Georg Gerhard, Johann Wenz, Johann Justus, Johann Stein und Friedrich Seckold kamen 1838 mit ihren Familien – insgesamt zwölf Erwachsene und 17 Kinder – in New South Wales an. Major Edward Macarthur hatte die sechs Deutschen für den Weinberg seines Bruders William in Camden in der Nähe Sydneys angeworben. Die sechs Winzer aus dem Rheingau in Hessen sollten die Pioniere des kommerziellen Weinanbaus in Australien werden. Noch heute konnte ich ihren Spuren folgen.

Ich suchte über Datenbanken im Internet, wühlte in alten Papieren und Briefen aus der Bibliothek und sprach mit Nachfahren der sechs Deutschen. Eines Tages stieß ich sogar zu einem „Familientreffen" dazu, das die Familienmitglieder im heutigen Camden abhielten. Nur noch wenige trugen die deutschen Nachnamen und keiner sprach mehr Deutsch. Trotzdem war noch ein Zusammenhalt zu spüren, den ich außerordentlich fand. Später besuchte ich die Gräber dieser ersten deutschen Weinbauern auf dem Friedhof von Camden. Die alten Gräber waren stark verwittert und teilweise überwachsen. Es war schwer zu sagen, wo einst die Wege waren, die durch die Gräber hindurchgeführt hatten. Ich stach mich an Brennesseln und blieb an Dornen hängen. Es war früher Nachmittag und die Sonne brannte vom Himmel. Grabmal für Grabmal wanderte ich ab, bis ich schließlich auf einige vertraute Namen stieß. Hier lagen sie also die Pioniere der australischen Weindynastien. Es war ein seltsames Gefühl. Fast dachte ich, ich würde sie kennen, nachdem ich so viele Briefe und Dokumente gelesen hatte. Dabei lagen sie seit rund 150 Jahren hier unter der Erde.

Auch in Südaustralien waren es Deutsche, die den Weinanbau starteten, nachdem sie sich gegen 1840 dort ansiedelten. Die meisten kamen aus Schlesien und waren Lutheraner, die in ihrer Heimat wegen ihres Glaubens verfolgt wurden. „Wer nicht liebt Wein, Weib und Gesang, der bleibt ein Narr sein Leben lang", hatte einst der große deutsche Reformator Martin Luther gesagt und seine Anhänger müssen es sich zu Herzen genommen haben. Ihre Weine erfreuten sich schnell großer Beliebtheit und als der Bayer Johann Gramp 1847 schließlich begann, in Jacobs Creek Reben zu züchten, war der Grundstein für den kommerziellen Weinbau auch im südaustralischen Barossa Valley gelegt.

Irgendwann führte mich die Geschichte jedoch auch zurück in die Gegenwart und bei meinen Recherchen stieß ich schließlich auf ein höchst ungewöhnliches deutsches Paar. Rudi und Max betrieben das Stuyvesant's House in Sydneys Crows Nest. Ohne Empfehlung hätte ich mich wahrscheinlich gar nicht hinein getraut – das Haus sah von außen ein wenig düster aus. Doch im Inneren stieß ich auf einen wahren Schatz. Denn Rudi und Max besaßen den größten Weinvorrat in einem Restaurant in ganz Australien! Die beiden servierten auf Wunsch sogar den berühmtesten und teuersten Wein Australiens, einen Grange, bei dem der Preis einer Flasche durchaus in die Tausende gehen konnte. Rudi hütete seine Schätze normalerweise wie seinen Augapfel, doch ich hatte Glück und wurde in sein Heiligtum geführt! Eine steile, enge Treppe, ganz versteckt hinter der Küche und kurz vor dem Hinterausgang, führte in die Tiefe. „Du hast da unten aber kein Verlies oder eine Folterkammer versteckt, oder?", scherzte ich halbherzig. Rudi grinste und strich sich über seinen gewaltigen Schnauzbart. „Nein, nein. Nur ein paar tausend Flaschen Wein." Immer tiefer und tiefer ging es in die Erde und plötzlich reihte sich da eine Weinflasche an die nächste. Der Boden war von den Korken alter Flaschen gesäumt, rund 25 Meter ging es in die Erde hinein. Australischer Grange, französischer Bordeaux, italienischer Merlot, deutscher Riesling, insgesamt 2.000 Flaschen von 15 bis zu 5.000 Dollar das Stück lagerten unter dem *Stuyvesant's House*.

Deutsche spielen auch heute in Australien noch immer eine große Rolle, wenn es um das Thema Wein geht. Sei es in der Gastronomie oder auch in der Weinindustrie selbst. Wolf Blass, dessen Marke heute zur Foster's Gruppe gehört, führte das Volk von Biertrinkern hin zum Wein. Ein anderer großer Name ist der deutschstämmige Peter Lehmann („Baron of the Barossa"), der höchste Weinqualität etablierte und dessen Vater ein lutherischer Pastor war. Heute sind viele „alte" Traditionen wieder aufgelebt und wer mit offenen Augen durch die Dörfer fährt, sieht europäische Architektur und auf Schildern hier und da Worte wie „Wurst" oder „Wein".

Wir beschlossen, den Abschluss meines Auftrags zu feiern, packten eine Flasche gekühlten Rosé, ein paar Cracker und einen Avocado-Dip ein und marschierten zum Leuchtturm in Cremorne Point, der auf einer kleinen Felsenzunge ganz an der Spitze der Halbinsel in den Hafen ragte. Der Himmel hatte sich inzwischen tiefrot verfärbt und die ersten Lichter gingen in der Stadt an. Ein warmer Wind blies uns um die Nase, doch mich fröstelte es trotzdem ein wenig. Ich rückte näher an Michael heran, der seinen Blick nicht von dem geschäftigen Bootsgetümmel am Hafen abwenden konnte. „Vielleicht halte ich es hier doch länger aus", sagte ich. Michael riss überrascht die Augen auf und lachte. „Na, diesen Satz muss ich mir aufschreiben. Das will ich schwarz auf weiß haben." Ich nickte und grinste ebenfalls. „Ich unterschreibe es auch noch." Jetzt sah Michael wirklich überrascht drein. „Eine Frau, ein Wort. Darauf sollten wir wirklich anstoßen."

Kapitel XII

Heimatwehen

Das Leuchtturmerlebnis war wirklich ungewöhnlich für mich gewesen. Denn wann immer ich über deutsche Auswanderer berichtete, europäische Delikatessen kaufte oder Besucher aus der Heimat empfing, schlich sich bei mir ein Anflug von Heimweh ein. Michael beobachtete das mit wachsender Besorgnis. Für ihn gab es kein besseres Land als Australien und zurück nach Deutschland wollte er auf keinen Fall. Vielleicht lag es daran, dass er den ganzen Tag mit Australiern im Büro saß, aber er schien sich deutlich schneller einzuleben und vor allem zu integrieren als ich.

Sehr zu meinem Ärgernis nahm er auch schneller als gedacht den Aussie Slang an und wurde von manchen sogar für einen Australier gehalten. Ich dagegen versuchte, mit mehr oder weniger großem Erfolg mein British English aus der Uni hochzuhalten. Luke zahlte mir das gerne mal heim mit Bemerkungen wie: „Es ist schon komisch, aber Michael hat viel weniger Akzent als du." Innerlich kochte ich dann vor Wut, aber schon bald änderte ich meine Strategie und baute öfter mal typisch australische Wörter ein. Meine Freunde in Australien nannten mich trotzdem weiterhin ihre „deutsche Freundin", während ich für die deutschen Freunde hingegen nur noch die „Australierin" war. Eigentlich stimmte ja beides.

Michael und ich diskutierten häufiger darüber, wie sich so ein Auswanderer nun fühlt – nach wie vor als Deutscher oder doch mehr als Bürger des neuen Landes? Und ab wann lösen die Sitten und Gebräuche des neuen Heimatlandes die Traditionen ab, die die Eltern einem beigebracht haben? Wann schleicht sich die neue Sprache in Träume und in die eigene Muttersprache ein? Michael überlegte. „Gute Fragen. Eigentlich kann ich das auch nicht beantworten. So ganz ist man eben weder das eine noch das andere."

Unsere Gespräche gaben Anlass für mehrere Artikel. Für einen Text traf ich eine junge Deutsch-Australierin, die als kleines Kind von

Deutschland nach Australien gekommen war. Die Situation – dieses Feststecken zwischen zwei Nationalitäten, Sprachen und Kulturen – wurde für sie immer mehr zum Dilemma. Sie konnte sich nur noch schemenhaft und sehr verklärt an Deutschland erinnern und erzählte von Burgen, Schnee und Weihnachtsmärkten. „Irgendwie fühle ich mich immer zerrissen. Ich weiß nicht, wo ich eigentlich hingehöre und wer ich wirklich bin." Sie steckte in einer tiefen Identitätskrise. Eigentlich wollte sie lieber in Deutschland leben, doch ihr Deutsch war nur rudimentär und ihre Freunde und die Familie hielten sie in Australien.

Auch wenn ich mich in Australien sehr wohl fühlte und es mich nicht wirklich nach Deutschland zurückzog, konnte ich doch die Gefühle der Frau nachvollziehen. Auch ich fing an, die europäische Heimat ein wenig zu idealisieren. Am liebsten schwelgte ich in Erinnerungen an einen Ausflug, den ich mit meiner früheren Kollegin Marion nach Straßburg unternommen hatte. Wir hatten einen weiteren Kollegen in Saarbrücken besucht und waren eines Morgens mit dem Zug über die Grenze nach Frankreich gefahren. Straßburg hatte ich als idyllisches Städtchen mit Fachwerkhäusern, einer eindrucksvollen Kathedrale und einem kleinen Flüßchen in Erinnerung. Wir waren stundenlang durch die Gassen gestrolcht und hatten uns hier und da in kleinen Bäckereien und Metzgereien Leckereien gekauft. Zwar hatten wir beide in der Schule und an der Uni Französisch gehabt, doch die Sprache war ein wenig eingerostet. Trotzdem freuten wir uns wie die Kinder, in der Bäckerei *un pain au chocolat et un café au lait* bestellen zu können. Als wir am frühen Abend beladen mit kleinen Andenken und Essensvorräten den Zug bestiegen, waren wir rundum zufrieden. Was für einen schönen Tag wir zusammen verbracht hatten!

Doch dass ich europäisches Blut in mir hatte, hieß noch lange nicht, dass ich automatisch dazu gehörte. Wie sehr ich mich „entwöhnt" hatte, wurde mir klar, als wir nach zwei Jahren zum ersten Mal wieder in Deutschland auf „Heimaturlaub" waren. Wir hatten noch kurz am Supermarkt gestoppt, um für das Abendessen einzukaufen. Ich ging mit unverhohlener Freude an den Regalen vorbei und kaufte Marzipan und Teewurst, Produkte, die ich in Australien nicht unbedingt bekam. Nachdem wir auch noch Schnitzel, Kartoffeln und Salat erstanden hatten, reihten wir uns in der langen Schlange an der Kasse ein. Als wir nach fünf Minuten an der Reihe waren und sich hinter uns ebenfalls eine lange Schlange gebildet hatte, meinte die Verkäuferin: „Und haben Sie die Kartoffeln nicht gewogen?" „Ehm, in der Gemüseabteilung oder hier?" Sie starrte mich an. „Beim Gemüse natürlich." Michael mischte sich ein. „Wir brauchen die Kartoffeln auch nicht unbedingt. Dann lassen wir die hier." Die Verkäuferin nickte und räumte sie aus dem Weg. „Na gut." Sie schob mir den Rest der Einkäufe entgegen. „20 Euro, 50 Cent."

Michael fing an, die Sachen hektisch in eine Tüte einzuräumen. Richtig, hier räumte die Verkäuferin ja nicht für einen die Einkaufstasche ein! Ich suchte in der Zwischenzeit mühselig meine Euroscheine und Münzen durch. Die Verkäuferin starrte uns mit einem Blick an, der Bände sprach. Sie hielt uns für minderbemittelt. Ich konnte es ihr irgendwie auch nicht verdenken. Doch als wir Deutschland verlassen hatten, war der Euro gerade mal zwei Monate alt gewesen. Nicht genug Zeit, um sich mit den Scheinen und Münzen vertraut zu machen. Doch in dem Moment, als sie mich etwas schräg und mit zusammengekniffenen Augenbrauen betrachtete, schämte ich mich plötzlich. Ich öffnete den Mund und wollte ihr erklären, dass wir nicht mehr in Deutschland lebten, wir uns deswegen nicht mehr so recht auskannten, da sagte sie auch schon: „Der Nächste bitte." Mein Mund klappte wieder zu. Michael schob mich weiter und flüsterte: „Kennt uns doch keiner."

Am Nachmittag trafen wir drei alte Freunde auf einen Kaffee. Wir plauderten über Australien und unser neues Leben und erfuhren, was sie in den vergangenen Jahren alles gemacht hatten. Je länger ich den Erzählungen lauschte, desto mehr blieb mir der Mund offen stehen. Unsere Wege hatten uns wirklich weit auseinander geführt. Doch obwohl ich mir die Lebensweise keines einzigen meiner Freunde für mich vorstellen konnte, lief alles wie früher. Wir unterhielten uns blendend und hatten den besten Nachmittag seit Langem.

Während ich noch über die unterschiedlichen Wege nachdachte, die meine Jugendfreunde eingeschlagen hatten, entwickelte sich das

Gespräch hin zu allgemeinen Themen: Wer war der bessere Kandidat bei „Deutschland sucht den Superstar" und wie waren die neuesten Eskapaden eines Ministers einzuschätzen? Während wir zuvor noch fröhlich mitgeplaudert und vor allem viel gelacht hatten, wussten Michael und ich plötzlich nicht mehr wirklich viel zu sagen. Denn obwohl ich versuchte, täglich Spiegel Online zu lesen, waren wir einfach nicht mehr so über das deutsche Tagesgeschehen informiert wie früher. Trennte uns doch mehr von unserer alten Welt, als die physischen 20.000 Kilometer?

Auswanderer, die mit einem Partner aus dem neuen Land verheiratet waren und plötzlich kaum mehr Deutsch sprachen, erzählten mir von weiteren Problemen. „Heimlich, still und leise schleichen sich über die Zeit einfach eine Menge englischer Begriffe in die deutsche Sprache ein – vor allem bei Themen, die du nur im neuen Land erlebt hast", berichtete eine deutschsprachige Mutter, die ich beim Ausgehen mit anderen Freunden getroffen hatte. „Dass *Epidural* auf deutsch nun eine PDA ist und *recess* in der Schule die kleine Pause, war mir erst nicht ganz klar. Irgendwann ist es eben nicht mehr ganz so einfach, zu Hause immer deutsch zu sprechen", sagte sie. Manche Mütter ließen sich von dem „Denglisch" der eigenen Kinder kräftig anstecken und würden in gemeinsamer Runde dann schon mal Sätze von sich geben wie: „Ich gehe jetzt mal eine Nappy changen." (Auf Deutsch: „Ich gehe jetzt mal eine Windel wechseln.")

Obwohl ich jeden Tag Deutsch sprach und schrieb, ließ auch ich mich von den kleinen Feinheiten der Sprachen verwirren. Wo es im Deutschen 1,5 heißt, schreibt der Englischsprachige 1.5 und 10,000 bedeutet 10 Tausend. Auch die Anführungszeichen werden genau entgegengesetzt verwendet – mit dem Komma vor dem Anführungszeichen anstatt danach. Manchmal rauchte mir da am Abend ganz schön der Kopf, vor allem wenn ich häufig die Sprachen wechselte.

Einer anderen Bekannten erging es besonders schlecht, als sie für eine gewisse Zeit zurück nach Deutschland zog. Plötzlich fühlte sie sich fremd im eigenen Land. Wie war das nochmal mit dem TÜV und warum verstand sie niemand im Telekomladen, als sie eine „Landlinie" wollte? Tja, *landline* wäre tatsächlich ein einfacheres Wort als Festnetzanschluss, wenn es in Deutschland nur verstanden würde.

Eines kam in Deutschland jedoch deutlich besser an als in Australien und das war Michaels Humor. Er konnte perfekt sämtliche Charaktere der „Bulli Parade" und diverser Filme wie „Traumschiff Surprise" nachspielen und sorgte bei jeder Party damit für beste Stimmung. In Australien funktionierte das Ganze natürlich nicht. Zum einen kannte niemand Bulli und seine Kollegen und zum anderen ließen sich die Kalauer auch nicht ganz so einfach übersetzen. Dabei ging das letzte bisschen Lockerheit verloren. Glücklicherweise versorgte uns Anita, die bei einem Münchner Sender arbeitete, regelmäßig mit DVDs, sodass wir immer wieder mal deutsche Spielfilmabende in Australien abhalten konnten. Michaela war meist die Einzige, die das zu schätzen wusste und so schauten wir drei gebannt, wie Til Schweiger durchs Weltall flog oder wie Bulli als Hui Buh durch Wände marschierte. Nur als das „Wirtshaus im Spessart" lief, musste Michael plötzlich arbeiten.

Kapitel XIII

Australische Abenteuer – Im Outback

Zurück in Down Under musste ich die Aussage „wie klein die Welt doch ist" revidierten. Als ich mit Tom und Claude unterwegs war, um unseren Film über Kamele im Outback zu drehen, waren wir von Alice Springs aus mit unserem Landcruiser auf den Tanami Track in Richtung Norden abgebogen. Um uns herum flimmerte die Luft. Ich musste unwillkürlich an Buschfeuer denken, sagte aber nichts. Tom und Claude machten sich schon ausreichend lustig über meinen Sicherheitsfimmel. Links und rechts von der Straße sah die Landschaft gleich aus. Rote Erde, niedriges Buschland, ab und zu mal ein dünnes Bäumchen. Die Straße war nicht viel mehr als eine Piste. Der rote Sandstaub flog in großen Wirbeln um unser Auto herum und färbte es langsam aber sicher rot. Autos kamen uns nur selten entgegen. Ich zählte nur zwei während der drei Stunden Fahrt. Doch die tiefen Rillen in der Erde verrieten, dass sich selbst die großen Trucks von Alice Springs über den Tanami Track bis nach Halls Gap quälten. 1.000 Kilometer auf dieser holprigen Straße – da schüttelte es mich innerlich regelrecht. Mein Hinterteil und Rücken schmerzten von dem konstanten Geholpere. Die längste Strecke in Australien ohne Tankstelle zum Nachfüllen war 586 Kilometer, doch das betraf uns nicht.

Kurz bevor wir an unserer 190 Kilometer Marke vom Start des Tracks bis zu unserer Abbiegung ankamen, lag das Tilmouth Roadhouse. Eine Tankstelle, eine Kneipe, einige Schlafunterkünfte. Viel war nicht los – nur ein riesiger Lastwagen versperrte den Blick aufs Roadhouse. Wir füllten den Tank auf und Tom und Claude holten sich ein kaltes Getränk. „So schnell gibt's das sicher nicht wieder", meinte Tom grinsend. Ich wollte weiter. Ich war nervös, ob wir diese Abzweigung nach 190 Kilometern auch finden würden und wendete den Blick nicht ab von der Kilometeranzeige. 190 Kilometer waren erreicht und eine Straße nach links war nicht in Sicht. Wir fuhren langsam weiter. „Halt", rief Claude nach 191 Kilometern. „Setz nochmal zurück." Tatsächlich, da führte ein enger Pfad nach links in den Busch hinein. Wir hatten ihn auf den ersten Blick übersehen, da die Zweige eines Busches in den Weg hinein ragten. „Kann es das sein? Hier ist kein Schild und nichts." Ich wurde nervös. „Was wenn wir hier nicht richtig sind und jetzt 110 Kilometer auf dem falschen Weg fahren?" Tom sah mich stirnrunzelnd an. Ihm war die Sache auch nicht ganz geheuer, doch jetzt gab es kein Zurück mehr.

Wir fuhren die Straße nochmals 500 Meter weiter und danach wieder zurück. Es gab keine weitere Abzweigung – so viel war klar. Ich atmete tief durch und versuchte, gute Laune zu verbreiten. „Dann ist das mit Sicherheit richtig. Außerdem haben wir ja genug Wasser und Proviant dabei. Für ein letztes französisches Abendmahl reicht es allemal", sagte ich ein wenig zu spöttisch für Claudes Geschmack. Er bedachte mich nur mit einem vernichtenden Blick. Unsere Handys hatten bereits kurz nach Alice Springs ihren Empfang verloren, wir konnten die beiden deutschen Biologen, die wir besuchen wollten, also nicht noch einmal kontaktieren.

Die folgenden zwei Stunden sprachen wir alle wenig, doch die Tatsache, dass der Weg weiter und weiter führte, beruhigte uns. Nach 110 Kilometern kam tatsächlich eine Art Miniatur-Campingplatz in Sicht. Jürgen und Birgit kamen uns winkend entgegen. Ich atmete erleichtert auf.

Jürgen ähnelte einem Einsiedler. Er hatte einen langen grauen Bart und schütteres, graues Haar. Birgit wirkte deutlich jünger. Sie hatte wilde Locken, die ihr bis zur Schulter reichten. Beide begrüßten uns überschwänglich. Allzu oft bekamen sie nicht Besuch in der Einsamkeit und wenn, dann meist von Filmcrews wie uns, die sich auf die brilliante Geschichte des Forscherpaares in der Pampa stürzten.

Ihr Forschungscamp war früher mal eine Viehfarm gewesen, ihr weniges Hab und Gut hatten sie in einem Wohnmobil und einem kleinen Caravan verstaut. Das Bett stand im Freien in einem umzäunten Areal, drei weitere Betten waren nicht weit entfernt ebenfalls umzäunt. „Voilà, unser Gästezimmer", Jürgen deutete verschmitzt auf die mit Moskitonetzen bespannten Eisengestelle. Sein Grinsen wurde noch etwas breiter. „Hier", er drückte Claude eine Schaufel in die Hand. „Falls ihr mal müsst. Der einzige Nachbar wohnt 40 Kilometer weit weg. Ihr müsst euch also nur eine gute Stelle suchen, sehen wird euch keiner."

Birgit wies mich in der Zwischenzeit in die Geheimnisse der Dusche ein, die etwas abseits des Geländes lag und aus einem Eimer mit Loch bestand. „Du ziehst den Eimer mit Wasser hoch, siehst du? Dann hakst du ihn hier ein und löst den Stöpsel. Und schon hast du die beste Dusche. Sei nur vorsichtig, weil sich das Wasser ganz schön aufheizt. Eine Abkühlung ist es nicht wirklich, es geht nur darum sauber zu werden." Birgit sah mich prüfend an, ob ich aufgrund des Mangels an Zivilisation Reißaus nehmen würde. Ich dachte inzwischen aber nur an meinen Film und daran, wie wir die besten Bilder bekämen. Die Dusche war da zweitrangig. Birgit nickte anerkennend angesichts meiner Akzeptanz der Gegebenheiten. „Das ist zwar alles relativ einfach hier, aber es ist wirklich das Beste, was man haben kann, eine Dusche abends, wenn man verschwitzt und dreckig ist. Und einen Duschvorhang brauchen wir auch nicht, denn unser nächster Nachbar in diese Richtung wohnt sogar über 1.000 Kilometer weit weg."

Ich nickte und musste lachen, nahm mir aber vor so sauber wie möglich zu bleiben, was nicht unbedingt einfach war, da sich der rote Staub überall festzusetzen schien.

Obwohl ich am liebsten gleich angefangen hätte, sollten wir erst am nächsten Tag mit dem Filmen beginnen und so nutzten wir die Gelegenheit zum Erkunden und Plaudern. Birgit und Jürgen erzählten, dass sie seit 1984 in Australien lebten. Sie waren gekommen, um die weltweit noch einzigen wild lebenden Kamele der Erde zu studieren, schrieben ihre Doktorarbeit – und blieben hängen. Die kilometerweite Leere, das Buschland, Sanddünen und Salzseen hatten es ihnen trotz der menschenfeindlichen Temperaturen bis an die 50 Grad angetan. „Das kälteste hier ist unser Kühlschrank, den wir über eine Solarzelle am Dach betreiben. Der hat 16 Grad plus", sagte Jürgen und ein gewisser Stolz klang in seiner Stimme mit. Doch was sie 20 Jahre im Outback gefangen hielt waren die Tiere. „Die Kamele haben uns sehr interessiert, weil noch nichts über ihr Leben in freier Natur bekannt war. Das war komplett wissenschaftliches Neuland.

Und dann haben wir uns eingearbeitet und die Tiere quasi lieben gelernt", erzählte mir Birgit und öffnete eine Flasche Bier. „Das ist das kälteste Getränk. 16 Grad – wie der Kühlschrank. Willst du auch einen Schluck?" Ich lehnte dankend ab und wischte mir mit einem Halstuch den Schweiß von der Stirn. Jürgen sah mich an: „Versuch mal, das Halstuch ins Wasser zu tauchen und binde es dir dann nass wieder um. Das hilft ein wenig gegen die Hitze." Ich sah ihn erstaunt an, befolgte dann aber seinen Rat und musste ihm Recht geben. Das nasse Halstuch funktionierte bestens, fast wie eine eingebaute Klimaanlage.

Jürgen erzählte in der Zwischenzeit weiter von den Kamelen: „Vorher war für mich ein Kamel einfach ein Kamel. Das stand im Zoo oder irgendwo in Arabien, war aber nichts Besonderes. Aber dann haben wir so viele Sachen herausbekommen – besonders zur sozialen Organisation." „Wie groß ist das denn hier alles?", fragte Tom, der nach einem Abstecher mit der Schaufel in den Busch zurück kam. Er setzte sich zu uns an den weißen Holztisch und griff nach einem weiteren Bier. Jürgen machte eine ausschweifende Geste: „Das Forschungsgehege hat 20.000 Hektar. Hier leben rund 400 Kamele und wir kennen sie alle." Birgit fing an, einige der Kamele aufzuzählen. „Da ist Teufel, 007, Elvis und Krummnase." Manche der Kamele seien schwierige Eigenbrödler und andere soziale Kreaturen, die kaum noch Scheu vor den beiden Biologen empfanden, berichtete sie. Ich machte mir Notizen, während sie sprach. Schon zu Hause hatte ich recherchiert, dass die Kamele eigentlich keine australischen Tiere waren.

Die Kamele waren Einwanderer wie Jürgen, Birgit und ich. Rund 20.000 von ihnen waren Mitte des 19. Jahrhunderts aus Afghanistan, Indien und Pakistan importiert worden, um Zentralaustralien zu erschließen. Sie waren zum Eisenbahn- und Telegraphenmastbau eingesetzt worden und brachten Lebensmittel und Ausrüstung zu entlegenen Minen. Als sie beim Ausbau der Infrastruktur nicht mehr gebraucht wurden, ließ man sie frei. So wurde das eingeschleppte Nutztier zum einzig frei lebenden Kamel der Erde. Und den robusten Tieren waren die harschen klimatischen Bedingungen gerade recht. Sie vermehrten sich munter und Experten schätzen, dass heute fast eine Million Kamele durchs Outback streifen, an den kargen Büschen und Bäumen knabbern und damit leider auch eine Menge Schaden an dem empfindlichen Ökosystem des Outbacks anrichten. Während ich in Gedanken meine Notizen nochmal durchging, sprang Jürgen plötzlich erstaunlich schnell auf. „Jetzt wird's ja langsam kühler, lasst uns mal das Abendessen angehen. Was habt ihr alles Leckeres mitgebracht?" Das war Claudes Stichwort. Das Kochen war sein Metier. Unsere Kühlboxen – die Eskys – waren noch immer im Auto und hatten sich mittlerweile bestimmt deutlich aufgeheizt. Claude begann aufzuzählen, wie viele verschiedende Zutaten und Gewürze er in Alice Springs erstanden hatte. Birgits Augen leuchteten auf. „Wunderbar. Ich steuere einen Kängurubraten bei, das wird ein Festessen."

Die beiden verschwanden im Wohnmobil und fingen an Gemüse zu schnippeln. Jürgen führte Tom und mich in der Zwischenzeit zu seiner Küche. Die Küche war ebenfalls draußen im Freien und gekocht wurde auf einem offenen Feuer. Jürgen schichtete Holz auf und entfachte mit der noch vorhandenen Glut geschickt ein kleines Feuer.

Bald brachten auch Claude und Birgit ihre diversen Bratpfannen und Töpfe und Birgit hantierte geschickt mit ihren Kochutensilien über dem offenen Feuer.

Kaum eine Stunde später servierte sie einen Känguru-Blumenkohlauflauf. Das Kängurufleisch erinnerte mich an das Rehfleisch, das mein bayerischer Onkel uns regelmäßig geschenkt hatte, wenn er erfolgreich von einer seiner Jagden zurückgekommen war. Es hatte einen herben, aber durchaus angenehmen Geschmack. Dazu tranken wir das 16 Grad „kalte" Bier, denn auch ich hatte mich inzwischen zu einer Flasche breitschlagen lassen, obwohl ich Bier normalerweise nie trank. Doch alleine eine einigermaßen kühle Flasche in der Hand zu halten, verschaffte eine gewisse Genugtuung.

Obwohl die Sonne langsam unterging, waren es immer noch mindestens 37 Grad. Birgit schaute aufs Thermometer. „Bald können wir versuchen, den Computer anzuschalten. Der funktioniert bei über 40 Grad Hitze nicht." Computer und Satellitentelefon waren die einzigen Verbindungen zur Außenwelt. „Oft sehen wir tagelang keinen anderen Menschen und dann sind kleine Zebrafinken, schwarze Goannas und Dingos unsere einzigen Besucher hier im Camp", erzählte Birgit. „Es ist nicht immer ganz einfach hier, es ist schon ein hartes Leben. Manchmal gibt es auch gefährliche Situationen mit giftigen Schlangen. Eine von denen war sogar bei uns im Bett." „Was?" Claude kam angeschossen und starrte Birgit mit großen Augen an. "Schlangen?" "Ja, deswegen schlafen wir jetzt nicht mehr am Boden, sondern in einem höher gelegenen Bett. Die Schlange – eine King Brown – hatte sich bis zu Jürgens Schulter geschlängelt. Wenn sie ihn gebissen hätte, wäre er jetzt tot. Das Gift wirkt so schnell, so schnell hätte ich ihn nicht die 350 Kilometer bis nach Alice Springs bringen können und der Royal Flying Doctor Service kann hier nirgendwo landen." Claude und ich schluckten. „Ich schlafe im Auto", verkündete er. Ich schaute ihn erstaunt an. „Das hälst du nicht aus, das Auto kocht im Inneren wahrscheinlich." Birgit nickte bestätigend. „Wir haben ja jetzt die Betten und Moskitonetze. Da kann nichts mehr passieren. Ihr müsst nur ein wenig aufpassen, wenn ihr nachts aufsteht und auf's Klo geht." Ich nahm mir vor mein Bett unter keinen Umständen im Outback zu verlassen. Birgit plauderte inzwischen schon wieder weiter. „Die Schlangen machen mir nicht so große Sorgen. Schlimmer ist das mit den Buschfeuern. Die sind wirklich gefährlich. Gerade vor ein paar Tagen mussten wir uns schützen und zurückbrennen." „Zurückbrennen?" Claude wurde die Sache immer unheimlicher. „Ja, wir fahren immer in die Nähe der Stellen, wo es brennt, und wenn wir sehen, dass das Feuer zu dicht kommt, dann müssen wir etwas tun und dagegen brennen. Das heißt, wir brennen eine Fläche zwischen uns und dem Feuer ab, so dass das Feuer keine Nahrung mehr hat und ausgeht, bevor es zu uns kommt." Wir nickten alle und selbst Tom runzelte die Stirn und sah etwas besorgt aus.

Schneller als gedacht wurde es dunkel. Die Wärme des Tages lag immer noch wie ein heißes Tuch über uns. Wir wuschen zusammen ab und danach ging einer nach dem anderen duschen. Als Tom mit nassen Haaren und Handtuch um den Hals wiederkam, flüsterte er mir zu: „Füll den Eimer nur halb auf, ansonsten ist das Ganze so schwer, dass du ihn nicht hochziehen kannst und du nackt und im Trockenen unter der Dusche stehst." Ich musste grinsen. „Na immerhin gibt es auf den nächsten 1.000 Kilometern keine Voyeure." Doch seine Warnung war tatsächlich berechtigt. Die „Dusche" funktionierte mit halbvollem Eimer deutlich besser und da das Wasser mindestens 35 Grad heiß war, war mein Verlangen nach einer langen Dusche auch nicht wirklich groß. Der Eimer quietschte und schwankte, als ich ihn in die richtige Position zog. Kaum eine Minute später war ich nass, aber nicht unbedingt sauber. Mein Handtuch war vom Ast des einzigen Baumes auf den Boden gerutscht und hatte die rote Färbung des Outbacks angenommen. „Warum nimmst du auch ein weißes Handtuch mit ins Outback", hörte ich Michaels Stimme in meinem Kopf sagen. Ich schüttelte den Kopf über mich selbst und zwängte mich noch halbnass in eine Leggins.

Als ich zurück ins Esszimmer im Busch kam, schauten mich alle erwartungsvoll an. „Alles klar?", fragte Birgit. „Alles klar. Ich bin bereit für die Kamele morgen Früh." „Na dann, schlaft gut", Birgit und Jürgen gingen zu ihrem Doppelbett im Busch. Tom und ich verzogen uns ins „Gästezimmer". Claude murmelte etwas vor sich hin und ging in Richtung Auto. „Man, you're not serious", Tom konnte es nicht fassen, doch Claude brachten keine zehn Pferde in sein Bett im Freien. „Ich möchte morgen Früh ohne Schlange um den Hals aufwachen." Er streckte sich auf der Rückbank des Landcruisers aus und winkte uns mit seinem Hut zu. „Schlaft gut da draußen. Und lasst euch nicht vom Dingo beißen." Dingos waren tatsächlich mehrere um das Camp gestrichen, während wir im Freien zu Abend gegessen hatten, doch unser „Gästezimmer" war schließlich eingezäunt. Und gegen die Schlangen hatten wir ein Moskitonetz. Tom schaute mich besorgt an. „Would you rather like to sleep in the car?" Möchtest du lieber im Auto schlafen? Ich winkte ab und schaute schnell weg, gerührt angesichts seiner Fürsorglichkeit. „Ach was. Im Auto ist es viel zu stickig. Und ich hab nur Angst vor dem Outbackmörder und nicht vor Dingos oder Schlangen und der wird sich sicher nicht bis hierhin verirren." Trotz meiner mutigen Ansprache konnte ich lange nicht einschlafen. Es war ungewohnt, im Freien zu sein. So langsam kroch die Kühle der Nacht heran, die Sterne sahen so klar und glänzend aus, wie ich sie noch nie zuvor gesehen hatte. Ich verspürte ein leichtes Bedürfnis. Nein, verkneif dir das, dachte ich mir. In der Dunkelheit durch den Busch zu kriechen, das traute ich mir dann doch nicht zu. Ich versuchte mich zu entspannen, dachte an Michael zu Hause in Sydney und ob er auch gerade an mich dachte. Hinter mir hörte ich Tom leise schnarchen. Von Claude aus dem Landcruiser war kein Geräusch zu hören. Ich lachte in mich hinein. Wer hätte gedacht, dass Claude es im Outback mit der Angst zu tun bekäme, wo es ihm anfangs nur wichtig war, Estragon mitzunehmen. Wenig später merkte ich, wie meine Augenlider schwerer wurden und schließlich schlief auch ich ein.

Als ich gegen sechs Uhr morgens steif und kalt wieder aufwachte, waren Birgit und Jürgen bereits geschäftig am Rumoren. Wir wollten heute zur einzigen Viehtränke der Gegend fahren, wo sich die Kamele regelmäßig sammelten und wir eine gewisse Garantie hatten, gute Aufnahmen zu bekommen. Jürgen und Birgit wollten außerdem einige Kamele einfangen, um sie mit Peilsendern zu versehen. Auch der vierzig Kilometer entfernt wohnende Nachbar Alex war dazugekommen, denn ohne Verstärkung sei das Ganze fast unmöglich, erklärte Jürgen. „Manchmal ist es recht gefährlich mit den Kamelen zu arbeiten, vor allen Dingen mit den Hengsten. Wenn die in der Brunft sind, dann können sie ganz schön beißen. Mir ist das einmal passiert, als mich ein Hengst versuchte ins Gesicht zu beißen und mir dabei die Brille vom Gesicht riss." Ich nickte und hielt gebührenden Abstand von den zwei Meter hohen Tieren, die geschickt über den unebenen Boden im Outback staksten. Sie waren goldbraun und gegen die rote Erde schien es fast, als wären sie einem Märchen aus 1001 Nacht entsprungen. Es waren schöne, elegante Tiere und ich konnte die Faszination der Deutschen nachvollziehen.

Beim Einfangen der Kamele hatten die beiden Biologen ihre ganz eigene Methode entwickelt. Sie lockten die Tiere, die auf der Suche nach Wasser waren, in eine extra dafür aufgebaute Koppel. Mögliche Fluchtwege waren abgesperrt und plötzlich ging alles so schnell, dass ich kaum wusste, wohin ich schauen sollte, um ja nichts zu verpassen. „Stop, Stop, Stop, Stop ... Ho, ho, ho, eh, ... That's it", Birgit brüllte los, als wäre sie ein waschechter *Jackeroo* oder in ihrem Falle ja eher eine *Jilleroo*, wie sich die männlichen beziehungsweise weiblichen Cowboys im Outback nannten. Die drei schienen ein eingespieltes Team zu sein. Nachbar Alex sprach kaum und schien doch genau zu wissen, was er zu tun hatte. Nach nicht einmal fünf Minuten saß das erste Halsband an seinem Platz. Es hatte alles professionell, fast spielerisch ausgesehen, trotzdem konnte ich die Erleichterung in Jürgens Stimme heraushören, als er das Kamel wieder in die Freiheit entließ. „Ok, raus mit dir ..., fein ..., wunderbar ..., das wäre geschafft ... Ah ja, Gott sei Dank ..." Den Kamelen schien die Aktion wenig Angst eingejagt zu haben. Die meisten blieben sogar noch in unserer Nähe, schauten neugierig zu uns hinüber und kauten zwischendurch an einem kargen Busch. Jürgen strich sich den Schweiß von der Stirn. „Also, an diese Tiere so nah heranzukommen hat zwei Jahre gedauert. Das sind wilde Kamele, die wären schon längst weg – auf einen Kilometer haben die einen Fluchtinstinkt."

Ich war euphorisch. Die Bilder, die wir bekamen, waren sensationell. Die Farben des Outbacks waren so intensiv, dass ich zwischendurch die extreme Hitze und den Staub, der sich gleichmäßig über uns verteilte, vergaß.

Birgit und Jürgen verbrachten rund 20 Tage pro Monat im Outback bei ihren Kamelen, fernab der Zivilisation. Um Essens- und Benzinvorräte aufzustocken, mussten sie von ihrem Camp 350 Kilometer bis nach Alice Springs fahren. Dort hatten sie eine kleine Wohnung. „Nach drei Wochen freuen wir uns natürlich besonders auf die Klimaanlage und auf die Eiswürfelmaschine im Kühlschrank und all diese schönen Sachen der Zivilisation", gestand mir Birgit, als wir uns am Nachmittag nochmal auf ein Bier zusammensetzten. Ich war inzwischen deutlich relaxter. Die Bilder waren im Kasten, wir hatten alles gefilmt, was wir filmen wollten. Jetzt war Zeit, das Leben im Outback wirklich kennenzulernen. Doch während ich gerade dabei war, mich mental auf die zweite Nacht im Busch vorzubereiten, hatten Tom und Claude einen anderen Plan ausgeheckt. Sie wollten zurück nach Alice Springs und lieber in ein billiges Motel investieren, als eine weitere Nacht hier draußen zu verbringen. Birgit grinste. „Ich glaube, keine zehn Pferde bringen Claude dazu, noch eine weitere Nacht hier zu verbringen." Ich musste lachen. „Also gut, dann schauen wir uns nochmal Alice Springs an." Wir verabschiedeten uns herzlich von den beiden Biologen und fuhren zurück in die Zivilisation.

Einige Tage später, als wir schon wieder in Sydney waren, schickte ich eine Dankes-E-Mail und einige Fotos an Birgit und Jürgen. Eine Woche später kam eine Antwort. Nur zwei Tage nach unserer Abreise war ein Buschfeuer ausgebrochen und die gesamte eingezäunte Wasserstelle, die wir gefilmt hatten, als die Kamele ihre neuen Halsbänder bekamen, war in Flammen aufgegangen. Doch eine erfreuliche Nachricht gab es auch: Da wir uns in den wenigen Tagen ausgezeichnet verstanden hatten, hatten Birgit und Jürgen das nächste Kamelkalb, das geboren wurde, nach mir benannt und somit läuft nun eine Namensvetterin von mir im Outback umher.

Kapitel XIV

Australische Abenteuer – Hautnah mit Haien

Nach meiner Kameldokumentation war mir klar, dass Tiere eines der größten Themen Australiens waren. In Deutschland gab es eben keine Krokodile, Haie, Giftschlangen und Spinnen in diesem Ausmaß. Und auch Koalas und Kängurus schienen sich ganz gut zu verkaufen. Als ich in einer Zeitung davon las, dass in einem Hai, der in der Nähe von Sydney gefangen worden war, acht Hammelbeine, ein halber Schinken, das hintere Viertel eines Hundes, 135 Kilo Pferdefleisch, ein Schiffsteil und ein Stück Sackleinen gefunden worden waren, ließ mich das Thema erstmal nicht mehr los.

Das Jahr 2000 war ein „schlimmes" Jahr gewesen, das war kurz bevor wir nach Australien gekommen waren. Damals hatte man insgesamt vier Todesfälle nach Haiübergriffen dokumentiert. Auch 2011 und 2012 waren innerhalb von zwölf Monaten fünf Menschen in Westaustralien getötet worden. Doch das war nicht die Norm. Im Australian Shark Attack File des Taronga Zoos las ich, dass im Durchschnitt nur eine Person pro Jahr bei einer Haiattacke stirbt. Wenn man das mit den 121 Menschen vergleicht, die im Durchschnitt jedes Jahr im Meer beim Baden ertrinken, ist die Gefahr wohl vernichtend gering. Michael schüttelte den Kopf, als ich ihm alles haarklein erzählte. „Sicher, die Gefahr ist statistisch gesehen minimal, doch du darfst nicht vergessen, dass es eine Urangst des Menschen ist, von einem Tier gefressen zu werden." „Das ist ein guter Punkt. Aufsehen hat das Thema auch schon immer erregt. Ich habe Aufzeichnungen von einem Haiangriff aus dem Jahre 1791 gefunden." Damals war eine Aboriginal Frau an der Nordküste von New South Wales getötet worden.

Auch Sydney war ein nicht ungefährlicher Ort. Einer meiner Lieblingsstrände im Norden – Clontarf – war zwar mehr als einladend, doch hier, im sogenannten Middle Harbour, trieben sich durchaus eine Menge Haie herum. Selbst in dem abgegrenzten und somit vermeintlich haisicheren Bereich von Clontarf war einmal ein Stierhai entdeckt worden, den Wildhüter dann mit viel Müh und Not wieder unter den Netzen hindurch in die Freiheit bugsierten. Michael, der eigentlich gerne in dem umzäunten Areal schwamm, war nach dem Vorfall deutlich vorsichtiger. Ich konnte es nicht lassen, ihm ausführlich vom letzten Todesfall aus dem Jahre 1963 zu berichten. Damals war die Schauspielerin Marcia Hathaway im Middle Harbour von einem Hai schwer verletzt worden und später gestorben. Die junge Frau war in recht seichtem Wasser zwischen einem Boot und dem Strand gewesen, als der Hai zubiss. Ihr Freund schaffte es zwar, sie loszureißen und an Land zu bringen, doch die Bisswunde am Bein war sehr tief. Marcia Hathaway verlor schnell viel Blut und verstarb auf dem Weg ins Krankenhaus.

Ich erzählte Michael davon, dass ein Haiexperte mir bei einem Interview berichtet hatte, dass das dunkle Wasser und die vielen verzweigten Meeresarme im Middle Harbour ein wirklicher Anziehungspunkt für einige gefährliche Haiarten waren. Auch der Haupthafen selbst war deutlich gefährlicher als die Meeresstrände. Zwar verlor ein Surfer 2009 am Bondi Beach seine Hand durch einen Haibiss, doch typischer ist eigentlich ein Angriff, wie er im Februar des gleichen Jahres passierte.

Der Marine-Taucher Paul de Gelder wurde während eines Tauchganges in der Nähe von Garden Island im Sydney Harbour von einem Stierhai angegriffen und überlebte nur aufgrund der heutigen medizinischen Fortschritte, denn seine Verletzungen waren nochmal schlimmer als einst die von Marcia Hathaway. Er verlor eine Hand und den Großteil seines rechten Beines bei dem Angriff. Aber wie auch die Schauspielerin berichtete er später von einer seltsamen Ruhe und Akzeptanz, die ihn nach dem Angriff plötzlich überkam. Auch Marcia Hathaway hatte zu ihrem Verlobten wohl noch gesagt: „Ich fühle keinen Schmerz. Mach dir keine Sorgen um mich, mein Lieber. Gott wird nach mir sehen."

Für einen Fernsehbeitrag über Haie sprach ich mit einem Australier, der 2002 Glück im Unglück hatte. Paul McNamara war gegen Abend mit seinem Kajak unterwegs, als ihn ein Hai rammte und ins Wasser warf. „Als ich da schwamm, wahrscheinlich die längsten 30 Meter meines Lebens, hat mich der Hai ein paar Mal umkreist. Ich konnte die Bewegung um meine Beine herum fühlen. Und einmal kam er sogar an meine Seite. Beim Schwimmen habe ich ihn dann unabsichtlich geschlagen und mich an der Hand verletzt. Einen Adrenalinschock wie diesen und eine solche Angst muss ich bestimmt nicht nochmal erleben", erzählte er mir. Ich schaute ihn prüfend an. Er sprach ganz trocken und nicht besonders emotional über den Vorfall, der ihn das Leben hätte kosten können. Paul konnte sich auf einen Pfosten retten. Er hatte Glück – der Hai biss nur ins Kajak. Kajakfahren ging er immer noch. „Die Möglichkeit, dass sowas nochmal passiert, ist sehr gering. Ich bin heute aufmerksamer, wenn ich ins Wasser gehe, aber ich gehe heute noch genauso Kajakfahren wie früher." Fast musste ich grinsen. Das war typisch für Australier. Diese stoische Ruhe und das sich Ergeben ins Schicksal. Paul war mir sofort sympathisch. Nach unserem Interview untersuchte ich sein Kajak. Der Biss, den der Hai hinterlassen hatte, war wirklich beeindruckend.

Als ich weiter recherchierte, stieß ich auf Dean, der als Tauchlehrer im Manly Aquarium arbeitete. Er war jung und dynamisch, hatte zwinkernde Augen und ein Lachen auf den Lippen. Ich konnte nicht anders, als mich zu fragen, ob man ein so positiver Mensch sein musste, wenn man jeden Tag mit Haien tauchen ging. Dean versicherte mir, dass die Ammenhaie, mit denen er tauchte, nur gefährlich aussahen, aber keinesfalls angriffen. „Sie werden ja auch gut gefüttert. Die haben gar keinen Hunger." Ich nickte und fragte ihn dann, wie gefährlich es sei, im Meer oder im Hafen zu schwimmen. „Ich würde nicht spät nachts rausgehen, vor einer Flussmündung oder wo schon früher Haiangriffe waren. Die Chance von einem Hai gebissen zu werden ist allerdings sehr gering." Er verkniff sich ein Grinsen. Wahrscheinlich hielt er mich für paranoid. Doch ich wollte noch mehr wissen. „Und was kann man machen, wenn einen ein Hai doch angreift?"„Wenn die Tiere tatsächlich aggressiv reagieren, musst du ihr Angriffsmuster unterbrechen: ein Schlag auf die Nase, eine schnelle Bewegung oder Luftblasen ... Zumindest bei kleineren Tieren kann das ausreichen." Ich nickte nachdenklich. Auch wenn die Wahrscheinlichkeit gering war, die Vorstellung von einem Hai gebissen zu werden und schlimmstenfalls noch in die Tiefe des Meeres gezogen zu werden, ließ mich erschaudern.

Während ich mich nach dem Erlebten vom Wasser fern hielt und lieber gemütlich am Strand spazieren ging, begeisterte sich Tom mehr und mehr für Haie. Er hatte sämtliche meiner Filme als Kameramann begleitet und vor allem ein Tauchgang mit Dean schien ein Feuer in ihm entfacht zu haben. Einige Wochen später saßen wir wieder zusammen im Flieger – dieses Mal auf dem Weg nach Tasmanien – als er mir begeistert Bilder von einem ganz anderen Taucherlebnis zeigte, das er mit seiner Frau unternommen hatte. Gemeinsam waren sie nach Südaustralien geflogen und dort mit Weißen Haien tauchen gegangen. „Wirklich? Bist du verrückt?" Ich schaute ihn entsetzt an. Er lachte. „Nein, nicht was du schon wieder denkst. Wir waren natürlich in einem Käfig. Solche Touren werden von Port Lincoln angeboten." Der Bootsbesitzer sei sogar ein Deutscher gewesen, erzählte er mir. Die Tour sei zwar teuer, aber ein unvergessliches Erlebnis. „Du kannst dir nicht vorstellen, was das für ein Adrenalinschock ist, wenn dieses riesenhafte Ungetüm auf dich zuschwimmt und dann mit voller Wucht in den Käfig beißt oder in ein Stück Fleisch, das sie ihm vom Boot aus hinhalten." Er riss die Augen dramatisch auf. „Da gefriert dir das Blut in den Adern." Das glaubte ich gerne. „Und das hat dir Spaß gemacht?" Er nickte inbrünstig. „Das beste Erlebnis meines Lebens."

Kapitel XV

Australische Abenteuer – Tasmanien

Unsere Erlebnisse auf Tasmanien konnten hier an Dramatik nicht mithalten. Es ging dieses Mal um kleine, völlig ungefährliche Wesen, nämlich Seepferdchen. Ich hatte schon immer ein Faible für diese sagenumwobenen Tiere gehabt, die in meinem Lateinbuch immer mit dem römischen Meeresgott Neptun abgebildet worden waren und die für mich so herrlich die Welt der Sagen und Legenden mit der Wirklichkeit verbanden. Doch von den etwa 100 Unterarten waren viele heute bedroht. Wasserverschmutzung und der asiatische Glaube, dass sie – getrocknet und kleingemahlen – potenzsteigernd seien, hatten die Tiere an den Rand des Aussterbens gebracht. Doch hier auf der Insel Tasmanien, die die Australier aufgrund des kühleren und regnerischen Klimas gerne die „grüne Insel" nennen, hatte ich eine Seepferdchenzucht aufgetan, die sich dem Schutz der winzigen Tiere verschrieben hatte.

Tom und Claude witzelten noch, wie ich es wohl geschafft hätte, etwas das nicht gefährlich oder bissig sei, nach Deutschland zu verkaufen. Doch je mehr ich ihnen über die kleinen Fische erzählte, umso neugieriger wurden sie.

„Wusstet ihr, dass das Besondere an Seepferdchen ist, dass das Männchen die Nachkommen zur Welt bringt? Das Weibchen füllt mit ausgefahrenem Organ Eier in die Brusttasche des Männchens, das diese dann austrägt. Bis zu 1.000 Babys!" „Nicht schlecht, Frau Oberlehrerin." Claude war noch immer nicht ganz bei der Sache. Auch als ich ihm vom Balzverhalten der Seepferdchen erzählte, bei dem die Männchen das Weibchen in einer Art Tanz minutenlang umkreisten, krümmte er sich vor Lachen. „Das sollte ich mal bei meiner Frau daheim probieren. Als Ballettlehrerin wäre sie da vielleicht sogar beeindruckt." „Oder auch nicht", ich konnte mir die Bemerkung nicht verkneifen, nachdem er sich zuvor auf meine Kosten lustig gemacht hatte. Ich stellte mir den relativ kleinen und stämmigen Claude im Tutu und auf Zehenspitzen tanzend vor und musste nun ebenfalls lachen. Tom schien eine ähnliche Vision gehabt zu haben und grinste bis über beide Ohren.

Als wir am nächsten Morgen in der Seahorse World in Beauty Point ankamen, fanden wir eine professionelle Seepferdchenfarm vor, die nicht nur die verschiedensten Arten züchtete und sie in alle Herren Länder exportierte, sondern auch viele der lokalen Arten schützte und versuchte, ihren Bestand zu sichern. Es war sieben Uhr morgens, als wir noch etwas verschlafen an die Tür klopften. Doch Pflegerin Dianne war schon früher da gewesen. „Sobald wir das Licht anmachen, muss es schnell gehen. Denn während die alten Seepferdchen gerade noch wach werden, geht es darum, das Leben der Jungen zu retten." Das hörte sich dramatisch an und ich zog die Augenbrauen fragend in die Höhe. „Nun, das Ganze verhält sich so: Die Babys sind nachts geboren worden und schwimmen als winzige, nur wenige Millimeter große Lebewesen im Wasser. Die erwachsenen Seepferdchen erkennen sie aber nicht als ihre Kinder und fangen sofort an, sie aufzufressen." Sie machte eine kurze Pause. „Deshalb müssen wir die Kleinen rausholen, denn sonst können 200 bis 300 Babys in vier bis fünf Minuten aufgefressen werden." Tom sah mich an. „So viel zu deinen harmlosen Tierchen. Das sind ja Kannibalen." Dianne nickte.

„Die Seepferdchenbabys sind aber erstmal noch sehr zerbrechliche kleine Wesen, die eine ganz besondere Pflege brauchen. Wir müssen die Aquarien täglich reinigen, die Babys vier Mal am Tag füttern und die Behälter einmal pro Woche sterilisieren, damit auch ja alles sauber ist. Denn in ihrem jungen Alter sind sie noch recht anfällig für Krankheiten." „Das ist ja fast genauso viel Arbeit, wie bei einem Menschenbaby", entfuhr es mir. Dianne nickte wieder. „Ganz richtig. Nur dauert das Großwerden nicht ganz so lang." Sie lachte. „Nach acht Wochen dürfen die Babys den Seepferdchenkindergarten verlassen." „Wie alt kann so ein Seepferchen denn werden?", schaltete sich Claude ein, der bisher noch kaum ein Wort gesagt hatte. Er war kein Morgenmensch, hatte bisher weder einen guten Café au Lait noch ein ordentliches Croissant gehabt und war bisher dementsprechend wortkarg gewesen. „Och, wenn sie gesund sind, können sie bis zu zehn Jahre alt werden", sagte Dianne. „Dafür braucht es aber abwechslungsreiche

Nahrung. Wir kaufen extra in Eisblöcken gefrorenen Krill bei einem lokalen Fischer und ich suche am Strand noch nach Sandhüpfern für sie. Das ist eine besondere Delikatesse für die Seepferdchen." Wenig später waren wir mit Dianne dann tatsächlich unterwegs zu den begehrten Sandhüpfern, die eine halbe Stunde mit dem Auto entfernt einen Strand bevölkerten. Der Strand war menschenleer, als wir ankamen und uns durch dichtes Gebüsch ans Wasser vorarbeiteten. Kein Wunder bei Sandhüpfern, die einen wahrscheinlich von oben bis unten mit juckenden Bissstellen versehen würden. Ich zog heimlich meine Socken soweit hoch wie nur möglich, rollte meine Jackenärmel nach unten, die ich im warmen Auto gerade noch umgestülpt hatte und schloss den Reißverschluss. Tom beobachtete mich und tat das Gleiche. „Good thinking.", sagte er und konzentrierte sich dann, die winzigen Tierchen mit der Kamera einzufangen. Dianne hatte ein geradezu unheimliches Talent, die wenige Millimeter großen Tiere mit der Hand einzufangen. Damit war klar: Für ihre Lieblinge tat Dianne alles. Neben der mühevollen Babyrettungsaktion am Morgen und der aufwendigen Futtersuche musste Dianne ihre Seepferdchen auch regelmäßig zählen und vermessen.

Mein erster Besuch in Tasmanien war mitten im Winter gewesen und unser billiges Motel in der Nähe von Beauty Point hatte nur einen kleinen Lüfter, der neben viel Staub nur wenig warme Luft verpustete. Und so nahm ich mir fest vor, die „grüne Insel" nochmals im Sommer zu besuchen. Als wir dann einige Jahre später Urlaub in Tasmanien machten, war es Januar und Hochsommer. Die Massen an Seglern und Touristen der Sydney-Hobart Segelregatta reisten gerade ab und wir schienen die Insel für uns zu haben. Bald schon schwelgte ich in Erinnerungen an zu Hause. Tasmanien war eindeutig europäischer. Hobart hatte herrliche alte Häuser in der Innenstadt und romantische Cottages im Stadtteil Battery Point, die mir wie Puppenhäuser erschienen, die erwachsen geworden waren. Uralte Kletterrosen wuchsen hier an Häusern hoch, in einem Tante-Emma-Laden stapelten sich Dosen voller Bonbons und Leckereien in die Höhe. Selbst das Postamt schien noch aus einem anderen Jahrhundert zu stammen.

Am Samstag trafen sich Einheimische und Touristen auf den Sala-
manca Markets, wo eine bunte, ausgelassene Stimmung herrschte, die
mich an Sommerurlaube in Italien und Südfrankreich erinnerte. Wie
in Sydney überspannt eine mächtige Hafenbrücke die Bucht. Hobart
erschien mir ganz die kleine aber feine Schwester der mächtigen Mil-
lionenmetropole auf dem Festland zu sein.

In Hobart entdeckte ich zu Michaels Leidwesen meine Begeisterung für Geschichte und Kunst wieder und bald schleppte ich ihn zu
historisch wichtigen Sehenswürdigkeiten wie dem Hadley's Hotel in
Kingston, wo Roald Amundsen im März 1912 abstieg, nachdem er
von seiner erfolgreichen Reise zum Südpol zurückgekommen war. Da
nur 2700 Kilometer zwischen Tasmanien und dem kalten Kontinent
aus Eis liegen, hatte es sich zu einer Art Zentrum für Antarktisbe-
geisterte entwickelt. Expeditionen und auch Kreuzfahrten starten von
Hobart aus. Je mehr wir sahen, umso begeisterter war auch Michael,
vor allem als wir tatsächlich auf einen Expeditionsteilnehmer stießen,
der kurz zuvor in der Antarktis gewesen war.

Wir saßen in einem Café und kamen ins Gespräch, wie das so
oft in Australien der Fall ist. Dmitry war ein russischer Auswanderer und war mit 15 Jahren nach Australien gekommen und konnte
kein Wort Englisch. „Es war nicht leicht für mich und meine Eltern",
erzählte er uns. Und das war dann auch sein Antrieb für die Expedition gewesen. „Ich wollte nun meinen Kindern, die es ja so viel
einfacher haben, zeigen, wie man etwas erreichen und Widrigkeiten überstehen kann." „Wie war das denn, als du zum ersten Mal
die Antarktis gesehen hast?" Michael beugte sich vor, um sich kein
Wort entgehen zu lassen. „Ein überwältigendes Gefühl! Natürlich
wusste ich aus Dokus und Magazinen, wie die Antarktis aussieht
und was mich erwartete, aber wenn du das erste Mal das Eis siehst,
ist es ein unbeschreibliches Gefühl. Millionen Jahre altes Eis und
Pinguine und sonst nichts." Dmitry schaute uns mit glänzenden
Augen an. Unser Interesse schmeichelte ihm eindeutig. Er erzählte
weiter: „Vorher war mir nicht klar, wie groß die Eisberge wirklich
sind. Einmal musste ich an die Titanic denken, als wir ganz nah an
einer riesigen Eiswand waren – so groß wie mehrere Fußballfelder."
Er breitete seine Arme aus und hätte beinahe die Kaffeetasse unseres

Nachbarn vom Tisch gefegt. Ich murmelte eine schnelle Entschuldigung. Dmitry schien von allem gar nichts bemerkt zu haben. „Wir fuhren recht nah an die Eisberge heran und da hatte ich das Gefühl, wenn wir jetzt ranstoßen, dann wäre das das Ende." „War das das Aufregendste, das ihr gemacht habt?", fiel ich ihm ins Wort. „Nein, einmal sollten wir alle ins Eiswasser springen. Den Polarsprung machen, wie sie es nannten. Wir reihten uns alle auf und einer nach dem anderen sprang in das eiskalte Wasser. Es hatte null Grad und einige Eisstückchen schwammen drin herum." Er machte eine dramatische Pause. „Das war im wahrsten Sinne des Wortes erfrischend. Ich blieb acht bis zehn Sekunden drin und ein paar andere sind sogar ein wenig umhergeschwommen, aber nach 30 Sekunden setzen erste Erfrierungserscheinungen ein. Und ich denke, in etwa einer halben Stunde wäre man tot. Die acht bis zehn Sekunden waren schlimm genug. Erst war mir richtig kalt, dann klopfte mein Herz wie wild. Aber in den ersten fünf Minuten, nachdem man wieder draußen ist, ist einem richtig warm und man muss sich nicht einmal anziehen. Nur danach wird's dann so richtig kalt."

Unser Treffen mit Dmitry war noch länger Gesprächsthema zwischen uns, selbst als wir uns von Hobart in Richtung Port Arthur aufmachten. Wir fuhren an dem historischen Städtchen Richmond im Südosten vorbei, wo die Coal River Valley-Weinkellereien liegen, und kamen nach etwa eineinhalb Stunden in der historischen Sträflingskolonie Port Arthur an. Wir waren bester Laune, hatten im Auto noch Coldplay gehört und von zwei Käsetaschen genascht. Port Arthur war wunderschön gelegen, auch wenn es mich überraschte, dass der auf der Karte eingezeichnete Ort keiner war. Außer der historischen Stätte schien es nicht viel mehr in dieser Ecke Tasmaniens zu geben, nur einige wenige Häuser waren an der Straße verstreut. Der Tag war warm und sonnig, doch kaum betraten wir das Gebäude, in dem es Tickets und Informationen über die historische Anlage hab, fröstelte es mich. Hier schien wirklich der Schatten der Vergangenheit über allem zu hängen. Je mehr ich auf den Informationstafeln las, umso mehr verstand ich die fast bizarr unheimliche und gedrückte Stimmung, die der gesamte Ort und seine Menschen ausstrahlten. Denn schlimme Ereignisse waren nicht nur während der Zeit passiert, als

Port Arthur noch ein Gefängnis war. Am 28. April 1996 war der Ort auch in der Neuzeit in die Geschichte eingegangen. An diesem ebenfalls sonnigen und friedlich erscheinenden Sonntag fuhr der damals 28-jährige Martin Bryant aus Hobart nach Port Arthur, fest entschlossen Menschen zu töten. Am Ende – dem schlimmsten Amoklauf des 20. Jahrhunderts – hatte er 35 Menschen getötet und mehr als 20 weitere verletzt. Auch heute ist dieses Ereignis noch zu frisch im Gedächtnis der Menschen, die in und um Port Arthur leben und arbeiten. Niemand spricht bei den Führungen über den Schreckenstag im April, und Informationsblätter bitten die Besucher, Tourguides und Angestellte nicht darauf anzusprechen. Zu viele haben damals Kollegen, Freunde oder Familienmitglieder verloren. Port Arthur hatte eine unheimliche Schönheit und Anziehungskraft an sich. Auch Michael wurde sofort davon erfasst. Wir sprachen den gesamten Nachmittag wenig, absolvierten das gesamte Programm fast wortlos. Obwohl der Besuch interessant war, atmeten wir beide auf, als wir Port Arthur hinter uns ließen. Unsere Bedrücktheit löste sich erst, als wir beschlossen, einen Spaziergang an der Küste zu machen, die auf dieser Seite Tasmaniens besonders wild und ungezähmt zu sein schien. Wir wanderten zur Devil's Kitchen und stiegen die Treppenstufen zur Remarkable Cave hinunter, einer Öffnung im Felsen, die zum Meer hinausführte.

Zwei Tage später erreichten wir den Freycinet National Park an der Ostküste Tasmaniens. Wir hatten am Nationalpark ein kleines Cottage gemietet, das direkt hinter den Sanddünen eines Strandes lag. Die Sonne hatte mich schon früh am Morgen aufgeweckt und so schlich ich mich auf Zehenspitzen nach draußen, während Michael noch friedlich schlief. Ich schaute auf meine Uhr. Es war erst kurz nach sechs Uhr morgens. Das Meer lag spiegelglatt vor mir, kaum eine Welle traf auf den Strand. Das Wasser hatte eine intensive blaue Farbe, wie ich es eher in der Karibik erwartet hätte. Am Abend zuvor waren wir so spät angekommen, dass ich gar nicht begriffen hatte, wie schön unser kleines Häuschen gelegen war. Am Strand türmte sich Tang auf und Muscheln waren bis zu den mit Gras bewachsenen Dünen verstreut. Während sich der Geruch des vertrockneten Tangs so langsam in meine Nase schlich, fiel mir auch Michael wieder ein, der ja nicht wusste, wo ich war. So kehrte ich dem herrlichen Anblick den Rücken und stapfte durch den tiefen Sand zurück zu unserer kleinen Hütte. Dort war Michael tatsächlich schon wach und in einer Hektik, die ich ansonsten gar nicht von ihm kannte. „Dass du schon so wach bist, so früh am Morgen – und warum bist du so hektisch?", fragte ich ihn ahnungslos. Er hielt mir ein Glas hin, das er mit seinem Hausschuh verschlossen hielt. „Das wärst du auch, wenn du den Morgen gehabt hättest, den ich gerade hatte." Ich schaute ihn verständnislos an. Das Glas war doch leer. Er hielt es mir nochmal vor die Nase. „Hier schau genau. Ein Skorpion – der war in meinem Hausschuh. Wenn ich nicht zufällig reingeschaut hätte, dann wär's das jetzt mit mir gewesen." Ich schaute ihn skeptisch an, sagte jedoch nichts. Schließlich wusste ich, wie gefährlich das Gift der ebenfalls winzigen Redback Spider war. Doch dass die australischen Skorpione so gefährlich waren, das hatte ich noch nie gehört. Wenig später winkte auch der argentinische Besitzer unseres Cottages gelangweilt ab, als wir ihm den Skorpion zeigten. „Ach, die sind harmlos. Da solltet ihr mal die gefährlichen Exemplare in Amerika sehen. Der hier ist ungefähr so giftig wie eine Wespe." Michael schien enttäuscht. Endlich hatte er auch mal eine aufregende Geschichte erlebt und dann das. Der Argentinier spielte die Geschichte runter. Als wir wieder alleine waren, sagte er: „Ich muss das daheim gleich mal recherchieren. Die sind bestimmt gefährlicher als der gute Mann sagt. Hast du die riesigen Scheren und den dicken Stachel gesehen?" Ich verkniff mir ein Grinsen. „Ja, wenn man das bei einem zweieinhalb Zentimeter großen Tier riesig nennen kann, dann habe ich das gesehen." Michael sah mich entrüstet an. „Jetzt nimmst du mich nicht ernst." „Doch, doch." Ich drückte schnell seinen Arm. „Ich finde das toll, wie du ihn geschickt mit einem Glas und deinem Schuh eingefangen hast. Das war echt ganz schön mutig." Michael schaute mich skeptisch an, beschloss dann aber, mir zu glauben. Er nickte. „Eben."

Die restlichen Urlaubstage in Tasmanien schienen so schnell zu verpuffen wie eine Seifenblase. Wir wanderten im Freycinet National Park und bewunderten die idyllische Wineglass Bay mit ihrem perlmuttweißen Sand und den hohen Granitbergen. Ich las aus dem Reiseführer vor, wie die Schönheit dieser Gegend auch früher schon die Menschen angezogen hatte. 1642 war Abel Tasman hier vorbeigesegelt und hatte damals die Halbinsel noch für mehrere kleine Inseln gehalten. Der französische Entdecker Nicholas Baudin hatte diesen Irrtum dann in den Jahren 1802/03 aufgeklärt und so wurde der Park nach Mitgliedern seiner Expedition benannt – nach den Brüdern und Offizieren Freycinet.

Die letzten beiden Tage unseres Urlaubs verbrachten wir am Cradle Mountain und genossen die Erinnerung an die Österreichischen und Schweizer Alpen. Selbst unser Hotel sah mehr wie eine Skihütte aus und ich schwelgte in Erinnerungen, während Michael versuchte, sich ganz auf das Australische zu konzentrieren und ein Wallaby beobachtete, das es sich direkt vor unserem Fenster bequem gemacht hatte.

Kapitel XVI

Australische Abenteuer – Hoch im Norden

Darwin ist selten in den australischen Nachrichten. Hin und wieder hört man davon, dass jemand von einem Krokodil gefressen wurde, aber das sind meist auch die einzigen Nachrichten, die es aus dem hohen Norden bis nach Sydney oder gar in die Welt schaffen. Umso überraschter war ich, als ich zum ersten Mal einen Fuß in diese Stadt des Nordens setzte, die im Zweiten Weltkrieg von den Japanern angegriffen und 1974 vom Zyklon Tracy dem Erdboden gleich gemacht worden war. Kein anderer Ort in Australien war je mit so vielen Widrigkeiten konfrontiert worden, doch Darwin war wie ein Stehaufmännchen. Trotz der fast kompletten Zerstörung 1974 hatte sich die Stadt wieder berappelt und es hatte sich eine Menge getan. Ein imposantes neues Parlament war gebaut worden, die Esplanade am Meer hatte man aufgefrischt und ein „Waterfront"-Precinct mit einem Wellenbad und etlichen netten Cafés und Restaurants war entstanden. Nur hier und da ließ sich heute noch erahnen, was am Heiligen Abend 1974 passiert war.

Ein Kollege von Michael, der damals mit seiner jungen Familie in Darwin lebte und heute einer der führenden Hurricane-Wissenschaftler ist, berichtete uns noch vor unserem Abflug von diesem Weihnachtsfest, das niemand in Darwin je vergessen wird. Er sprach davon, wie es um sieben Uhr abends anfing, ein wenig windig zu werden: „Aber nichts Ernsthaftes", sagte Greg. „Zu dem Zeitpunkt war alles eher aufregend." Schließlich war es ja ein echter Hurricane, der da auf Darwin zukam und damit die Essenz der tropischen Meteorologie. „Deswegen war ich ja schließlich nach Darwin gekommen", sagte er.

Es war Heiligabend, doch Greg hatte bis Mitternacht Schicht im Büro. „Ich war der Einzige im ganzen Haus." Gegen 23 Uhr hatte der Sturm dann schon kräftig zugelegt. „Jetzt kreischte der Wind schon richtig und ein dichter Nebel nahm die Sicht." Erst dachte er, dass die Lichter, die er im Dunkeln sah, Blitze seien, doch dann erkannte er, dass es sich um gerissene Stromleitungen handelte, die aneinander schlugen und tanzende Lichtbögen erzeugten.

Als seine Schicht endete, peitschten Wind und Regen inzwischen mit so viel Wucht vom Himmel, dass er das Haus nicht mehr verlassen konnte. Der Lärm des Windes hatte sich in der Zwischenzeit in ein hochfrequentes Kreischen entwickelt und das Gebäude schwankte. „Ein paar Mal wäre ich beinahe hingefallen", erzählte Greg und schüttelte sich bei dem Gedanken. Als der Sturm gegen Morgen abschwächte, versuchte Greg sich auf den Weg nach Hause zu machen. Doch sein Auto war voller Trümmer und beschädigt. Er schaffte es gerade, es einigermaßen freizuräumen und loszufahren. Die Fahrt sollte zu einer der längsten seines Lebens werden. Die Zerstörung war so enorm, dass Greg befürchtete, nicht viele hätten den Sturm überlebt. Und er begann, um seine eigene kleine Familie zu fürchten. Zu Hause war die Zerstörung zwar ebenfalls immens, doch seine Frau und sein Sohn waren wohlauf. „Der Kleine fuhr nackt auf seinem Dreirad durch das Wasser, das den Wohnzimmerboden überschwemmt hatte und hatte eine Menge Spaß." Ein Teil des Hauses war komplett eingestürzt, das Dach war weggeweht, nur ein Schrank war trocken geblieben – der, in dem Greg sämtliche Andenken und Fotos der Familie aufgehoben hatte.

Ich musste immer wieder an Gregs Erzählungen denken, als wir durch Darwin schlenderten, die vielen Fische im Hafen mit Brot fütterten und später durch das neue Parlamentsviertel wanderten. Dort steht heute ein neu gebautes, strahlend weißes Parlamentsgebäude – fest und mächtig, als könnte es jedem Sturm dieser Welt trotzen, während gleich nebenan noch eine alte Ruine an die Naturgewalt des Sturmes von 1974 erinnert. Erst als wir an der neuen, aufpolierten Waterfront standen, kam ich wieder auf andere Gedanken. Ein Aufzug führte uns von der Ebene des Parlamentsviertels in rasanter Geschwindigkeit eine „Etage" tiefer und als sich die Aufzugtüren öffneten, schien es, als würden wir plötzlich eine neue Welt betreten: das moderne und „coole" Darwin. Ich zuckte kurz zusammen, als links von uns eine Gruppe Teenager lauthals kreischte, als eine große Welle im Wellenschwimmbad auf sie zurollte. Ich ließ meinen Blick schweifen. Auf der anderen Seite reihten sich Restaurants und Cafés aneinander. Direkt vor uns plantschten mehrere kleine Kinder im knietiefen Wasser an einem kleinen Strandstück, vor dem Schilder aufgebaut waren. Ich ging näher heran. Die Schilder warnten ganz klar und deutlich vor den in Darwin heimischen Würfelquallen, den giftigsten Meerestieren der Welt. Sollte ein Tentakel dieser Quallen eines dieser Kleinkinder auch nur streifen, wäre es mit Sicherheit in wenigen Minuten tot. Ich schaute missbilligend auf die Mütter und legte meine Stirn in Falten. Michael las noch das Schild, als ein Rettungsschwimmer auf uns zukam. „Ihr könnt reingehen und baden", er nickte uns bestätigend zu und lachte. Ich deutete auf das Schild. „Und warum steht das da?" „Nun, die Quallen sind vor allem im Sommer unterwegs und kommen dann oft auch in Ufernähe. Jetzt im Winter sind sie kein Problem." No worries. „Aber sie sind ja nicht völlig weg, oder?" „Nein, nur weiter draußen im Meer." „Wenn sich aber trotzdem mal eine ans Ufer verirrt?" Der Rettungsschwimmer wischte sich den Schweiß von der Stirn. Trotz der Wintermonate hatte es immer noch 30 Grad im tropischen Darwin. „Well … Möglich ist das schon, dann hast du aber verflixtes Pech gehabt."

Ich musterte ihn von oben bis unten. Er selbst trug einen Ganzkörper-Schwimmanzug, doch von den Knien abwärts waren seine Beine nackt. „Bist du schon mal gestochen worden?" „Ja, ich hatte schon öfter mit den Würfelquallen zu tun. Einmal hat mich eine am Arm erwischt", er verzog das Gesicht. „Es war nur ein winziges Stück Tentakel, aber es fühlte sich so an, als hätte mich ein ganzer Bienenschwarm gestochen." „Was hast du dann gemacht?" „Essig darauf geschüttet. Den haben wir hier an jedem Strand. Gott sei Dank brauchte ich kein Gegengift." Er blickte sich kurz um, ob die fünf plantschenden Kinder noch alle an Ort und Stelle waren. „Ich habe aber einmal miterlebt, wie eine Gruppe Ruderinnen nur im Badeanzug unterwegs war und es eine erwischt hat, als sie aus dem Boot stieg und ans Ufer schwimmen wollte."

Michael und ich hörten gebannt zu. Der Rettungsschwimmer war ganz offensichtlich davon angetan, so interessierte Zuhörer zu haben und schmückte die Geschichte kräftig aus. „Die anderen saßen noch im Boot, aber diese eine junge Frau sprang ins Wasser und sie muss die Qualle sofort berührt haben, denn ihr Schrei war markerschütternd. So etwas habe ich noch nie gehört." Sie habe nicht mehr aufgehört zu schreien und er sei sofort hin und habe versucht die Tentakeln mit Essig abzutöten und danach mit einem Handschuh abzunehmen. „Hat sie denn überlebt?", fragte Michael dazwischen. Der Rettungsschwimmer nickte: „Doch sie hat's geschafft, aber sie hat sicher eine Menge Narben davongetragen." Er drehte sich noch einmal zu den Kindern um, die inzwischen alle im Sand spielten und eine Burg bauten. „Faszinierend sind diese Quallen aber schon. Ich habe einmal einen ganzen Schwarm beobachtet, als ich von einem Felsen aus im Meer fischte." Die Quallen hatten mehrere Fische umkreist. „Sie jagten ganz eindeutig in einer Gruppe und sobald sie die Fische in die Enge getrieben hatten, griffen sie an und stachen ihre Opfer mit ihren Tentakeln, um sie danach zu verspeisen. Das war ein unglaublicher Anblick, den ich nie vergessen werde."

Er fing an, sein Surfboard und eine Flagge einzusammeln. „Genug für heute. Sucht ihr was zum Abendessen? Der Mexikaner da drüben hat ab jetzt Happy Hour und ein gutes Bier", er grinste. „Hört sich gut an. Man sieht sich." Wir winkten ihm zu und gingen weiter.

Einige Meter vom Strand entfernt war eine weitere Bucht abgesperrt, in der etliche Schwimmer ihren Abendsport absolvierten. Ich reckte meinen Hals. Ein Netz schien die Krokodile abzuhalten, aber die Quallen? „Die kommen da doch bestimmt durch." Ich sah Michael an. Der zog die Augenbrauen zusammen. „Also mich würden da keine zehn Pferde reinbringen." „Mich auch nicht." Wir drehten uns erstaunt um, denn die Worte waren auf Deutsch gesprochen worden. „Kommt ihr auch aus Deutschland?" „Ja, wir wohnen aber schon lange hier oder besser gesagt in Sydney." „Ich bin mit einem Working-Holiday-Visum hier." Der junge Mann, der uns angesprochen hatte, kam eindeutig aus Bayern. Er war groß und kräftig, braungebrannt und hatte stoppelkurzes blondes Haar. Ich konnte mir vorstellen, dass die australischen Mädels ihn gut fanden. „Und was arbeitest du hier in Darwin?", wollte ich wissen. „Hier in Darwin bin ich nur mal übers Wochenende. Eigentlich arbeite ich als Schreiner im Arnhem Land und baue Häuser für die Aborigine-Gemeinden dort." Mir klappte der Mund auf und zu. Dann streckte ich ihm die Hand hin.

„Hi, ich heiße Barbara. Willst du mit uns auf ein Bier zum Mexikaner da drüben mitkommen?" „Warum nicht." Sebastian schüttelte auch Michael die Hand und wir setzten uns bei immer noch 28 Grad um sechs Uhr abends an einen der Tische über der Hafenbucht. Sebastian war glücklicherweise gesprächig und erzählte bereitwillig von seinen Erlebnissen. Ich hörte ihm neidisch zu – ich selbst wollte schon lange ins Arnhem Land, bloß dass dies nur über eine offizielle Genehmigung möglich war, die nicht ganz billig zu bekommen war. „Das Bürokratische hat alles mein Chef erledigt", berichtete Sebastian. „Ich muss nur Häuser bauen, obwohl das auch nicht wirklich Sinn ergibt. Viele Aborigines wohnen nicht unbedingt gerne so, wie wir das kennen. Sie lassen die Häuser dann verkommen oder zünden schon mal ein Feuer im Wohnzimmer an, um irgendetwas zu kochen."

„Hast du dich denn trotz der kulturellen Unterschiede mit jemandem angefreundet?" „Ja, schon. Wir ‚Weißen' wohnen zwar in einem abgesperrten Haus, aber einer der Aborigines kam immer wieder bei mir vorbei und irgendwann haben wir mal das Boot von meinem Chef ausgeliehen und sind zusammen fischen gegangen." Sebastian machte eine kurze Pause, da die Bedienung ihm und Michael ein Sol mit einer Limettenscheibe am Flaschenhals hinstellte und mir ein Glas Sangria servierte. Wir stießen an: „Auf Australien." Sebastian wischte sich den Bierschaum vom Mund. „Habt ihr denn ein paar Fische gefangen?" „Ein paar?" Er grinste. „Wir haben fünf riesige Barramundis rausgeholt und auf dem Heimweg auch noch ein Wallaby erwischt. Wir waren beide so stolz, als wir mit unserer Beute durchs Dorf fuhren." Alle waren auf sie zugerannt und Sebastian und sein neuer Freund hatten das gejagte Essen großzügig mit allen geteilt. „Seitdem bin ich im Dorf recht beliebt. Als ich aber während einer Beerdigung mit meinem Auto durchs Dorf gefahren bin, haben dann trotzdem alle Steine auf mich geworfen." „Wie bitte?" Michael und ich verstanden nicht, wie Sebastian das meinte. Davon hatte ich noch nie gehört. „Wenn einer gestorben ist, muss am Tag des Begräbnisses getrauert werden. Niemand darf da mit dem Auto fahren. Ich habe das nicht gewusst und mein Fett abbekommen. Alle Fenster waren danach zerschlagen." Ich schüttelte ungläubig den Kopf. „Ist das grundsätzlich so?" Sebastian nickte. „Leider stirbt auch ziemlich oft jemand. Viele werden sogar nur 20, so wie ich. Das Klebstoff- und Benzinschnüffeln bringt sie um." Ich war entsetzt. Sebastian plauderte so fröhlich vor sich hin und ihm schien es in diesem „wahren" Outback auch ganz gut zu gefallen.

Trotzdem waren die Geschichten, über die er an diesen Abend berichtete, schockierend für mich. Schon in Darwin war mir aufgefallen, wie viele der Ureinwohner scheinbar tatenlos in Parks saßen. Mit einigen Kindern hatten wir uns an einer Skateboard-Rampe auch einmal unterhalten. Sie hatten die wuscheligsten Lockenköpfe, die ich je gesehen habe, mit Rotz verschmierte Gesichter und strahlende Augen. Sie waren so freundlich und sorglos gewesen und als ich sie fragte, wo sie hier in Darwin wohnten, sagten sie: „Hier im Park." Ich hatte Michael angeschaut, den das Ganze ebenfalls erschüttert hatte. „Am liebsten würde man sie einpacken und für sie sorgen." Michael schüttelte den Kopf. „So einfach ist das nicht. Man kann das nicht mit unseren Maßstäben messen." Ich seufzte. Das wusste ich natürlich. Die Kinder von Aborigines haben viele Menschen, die sich um sie kümmern. Das musste nicht unbedingt die Mutter oder der Vater sein. Auch die Großeltern, Tanten und Freunde, die zur gleichen „Familiengruppe" gehören, kümmern sich um die Kinder. Das hatte ich schon häufiger gelesen und auch in Interviews gehört. Trotzdem ging es mir nahe, die drei Kinder im Park zurückzulassen und zu denken, dass sie die Nacht auf einer Parkbank oder im Gras verbrachten, während wir in unser komfortables Hotel zurückkehren konnten.

Am Tag darauf mischten wir uns ins Gedränge der Einheimischen, Touristen und Hippies, die jeden Donnerstag und Sonntag die für Darwin so berühmten Mindil Beach Sunset Markets besuchten. Während wir uns durch das Gewühl an Menschen und Ständen voller Krimskrams, Mango-Smoothies, gebratenen Bananen, indischen Curries und frisch gebackenen Waffeln drängten und die unterschiedlichen Gerüche schnupperten, fiel mein Blick auf einen großen Stand mit Kunstwerken der Aborigines. Bilder in allen Größen und Preislagen zeigten die so typische Punkt-Technik, mit der die meisten indigenen Künstler ihre Bilder verzierten. Malen ist untrennbar mit der

Kultur der Ureinwohner verbunden und so kitschig das Bild dieser
Familie war, die da mitten in dem Chaos des Marktes saß und malte,
hielt es meinen Blick vollkommen gefangen. Der „Star" der Familie
war eindeutig der etwa 12-jährige Sohn, der in höchster Konzentra-
tion auf seinem Bild vorsichtig und bedacht einen Punkt nach dem
anderen setzte. Ich beobachtete ihn etwa zehn Minuten lang. Eigentlich hätte ich mich gerne mit ihm unterhalten, doch es schien falsch,
den jungen Künstler aus seiner fast meditativen Stimmung zu bringen
und so stand ich – wie noch viele andere um mich herum auch – nur in
Ehrfurcht da und schaute zu, wie er Punkte setzte. Michael stieß mich
irgendwann an und riss mich aus meiner Trance. „Die Sonne geht
unter. Lass uns zum Strand gehen und den Sonnenuntergang beobachten." Ich nickte, legte dem jungen Maler ein Zwei-Dollar-Stück als
kleinen Dank fürs Zuschauen in eine Schale und folgte Michael an
den Strand, an dem sich schon etliche andere Menschen versammelt
hatten, um die Sonne im Meer versinken zu sehen.

Am nächsten Tag stand uns dann das nächste Abenteuer bevor. Wir
hatten uns ein Wohnmobil gemietet und wollten die berühmten
Nationalparks erkunden: den Litchfield und Kakadu Nationalpark
und die Katherine Gorge. Mit ein paar Abstechern wollten wir fast
1.000 Kilometer abfahren. Doch wir waren alles andere als professionelle Camper. Während ich mir bei der Autovermietung zum dritten
Mal einen Kurzfilm über die Benutzung der Toilette im Wohnmobil anschaute, kam ein Mann mit einem Babykrokodil im Arm auf
mich zu. „Willst du mal anfassen? Es beißt auch nicht". „Offensichtlich nicht", sagte ich trocken, denn dem Tier war das Maul mit einer
Schnur zugebunden. Trotz dieser „Tierquälerei" konnte ich nicht
widerstehen und streichelte dem Krokodil den Rücken. Es fühlte sich
etwas rauh an, nicht so glatt und geschmeidig wie eine Schlange beispielsweise. Gerade wollte ich fragen, woher er das Krokodil habe, da
fiel mir sein Sticker auf dem Hemd auf. Er kam von einem der lokalen
Tierparks. „Warst du schon bei uns?", fragte er und tippte auf das Logo
an seiner Brust. „Du kannst zuschauen, wie die *Crocs* gefüttert werden
und wie hoch sie aus dem Wasser springen können." Ich nickte interessiert und nahm dankend eine seiner Broschüren entgegen. Leider

war in der Zwischenzeit auch der Film zur Toilettenbenutzung weiter gelaufen und ich hatte das Wesentliche nach wie vor nicht verstanden. Michael kam mit den Papieren aus dem Büro der Vermietung und sagte: „Na, alles klar? Können wir los?" Ich seufzte und beschloss, die Toilette im Wohnmobil nicht zu benutzen.

Nach meiner Begegnung mit dem Mini-Krokodil war ich jedoch auf den Geschmack gekommen und wollte weitere Exemplare zu Gesicht zu bekommen. Im Litchfield Nationalpark stieß ich nur auf beeindruckend hohe Termitenbauten und wunderschöne Wasserfälle, doch der Kakadu Nationalpark erwies sich schließlich als das wahre *Croc-Paradies*. Kleine Wasserlöcher, mit tausenden Seerosen bewachsene Teiche und langsam fließende Flüsse – alle mit Schildern übersät, auf denen stand: „Achtung: Krokodile". Auf die idyllischsten Teiche führten metallene Stege mit hohen, geschlossenen Geländern, die einem den Eindruck gaben, in einer Art Käfig über das Wasser zu spazieren. „Keine Arme über das Geländer hängen", hatte uns ein anderer Spaziergänger noch gewarnt, als wir am Campingplatz in Aurora stoppten, um den idyllischen *Billabong* hinter dem Resort zu sehen.

Ich erinnerte mich wieder an die Worte des Zoowärters, dass Krokodile gut springen konnten und ging kerzengerade in der Mitte des Stegs. Doch so sehr wir unsere Augen auch abmühten und jedes einzelne Seerosenblatt auf dem völlig überwucherten Billabong „scannten", ein Krokodil sahen wir nicht. Doch das sollte sich bald ändern.

Als wir wenig später in Richtung Ubirr Rock aufbrachen, wollte Michael unbedingt an Cahill's Crossing stoppen und den Barramundi-Fischern zuschauen. *Crossing* bedeutete, dass man zu Fuß oder mit dem Auto an dieser geteerten und sehr seichten Stelle über den East Alligator River übersetzen konnte. Am anderen Ufer ging es dann Richtung Arnhem Land, wo unsere Darwin-Bekanntschaft Sebastian arbeitete – reines Aborigine-Land, für dessen Besuch wir eine Genehmigung hätten beantragen müssen. Ich ließ meinen Blick über das braune Flusswasser schweifen. „War da nicht ein Krokodil?" Ich deutete ans andere Ufer. Der Fischer neben mir nickte. „Du musst nach den Augen Ausschau halten. Dort drüben im Schlamm liegt eines und sonnt sich und dort …" Er deutete mitten in den Fluss. „Das, was aussieht wie ein Stock, ist ebenfalls ein *Saltie.*" Saltie war die Abkürzung für *Saltwater Crocodile* hier im Northern Territory. Ich trat einen Schritt weiter weg vom Ufer. Er grinste: „Du brauchst keine Angst zu haben. Du musst nur aus dem Wasser raus bleiben. Einer aus Jabiru hat sich vor etlichen Jahren mal nicht daran gehalten." Ich schaute ihn fragend an. Er machte eine „Kopf-Ab-Geste" mit der Hand. „Wie jetzt?" Ich schaute ihn entsetzt an. Er nickte grimmig. „Ja, ein Fünf-Meter-Croc hat ihn angefallen und ihm seinen Kopf abgebissen." Ich versuchte die grausige Vorstellung aus meinem Kopf zu kriegen, googelte aber wenig später im Wohnmobil „Cahill's Crossing Crocodile Attack" und stellte mit noch mehr Grauen fest, dass der Fischer mir nicht nur Angst einjagen wollte. „März 1987: Kerry McLoughlin, 40, Ladenbesitzer aus Jabiru, von einem 5,1 Meter großen Krokodil enthauptet, während er bei Cahill's Crossing durch den East Alligator River in Kakadu watete."

Der Kakadu Nationalpark war eine Fundgrube für Felsmalereien der Aborigines. Jahrtausende alte Bilder zierten die Felswände, die eindrucksvollsten davon am Ubirr Rock und am Nourlangie Rock. Ich bestaunte die riesige Regenbogenschlange, die einen der Felsen in Ubirr zierte, die nach der Folklore der Aborigines einen ihrer Vorfahren aus der Schaffungsperiode zeigte. Am Nourlangie Rock bewunderte ich den bösen Geist Nabulwinjbulwinj, der Frauen fraß, nachdem er sie mit einer Yam-Wurzel schlug und den *Lightning Man* („Blitz-Mann"), der den Blitz wie ein Band um Arme, Kopf und Beine trug und dessen Knie und Ellbogen mit Steinäxten bestückt waren, die den Donner erklingen ließen.

Die uralten Geschichten der Aborigines, die meist ziemlich grausam und blutrünstig waren, faszinierten mich und während unserer Fahrt durch den Kakadu Nationalpark lauschte ich sooft wie möglich geschichtenerzählenden Reiseführern und Aborigines. Als wir an der Katherine Gorge auf unser Boot warteten, um die Schluchten vom Wasser aus zu sehen, erzählte eine ältere Frau, wie der Echidna seine Stacheln bekam. Als das langsamste aller Tiere habe der Echidna immer auf die Kinder der anderen aufpassen müssen und durfte nicht mit zur Jagd. Das ärgerte ihn so sehr, dass er die Kinder eines

Tages versteckte. Er drehte den Boab Baum um und verbarg sie in dessen Zweigen. Deswegen sehe der Baum auch heute noch so aus, als würden nicht seine Äste, sondern die Wurzeln in die Höhe ragen. Als die anderen Tiere dann jedoch nach der Jagd wiederkamen und ihre Kinder nicht gleich finden konnten, wurden sie so wütend auf den Echidna, dass sie ihn verjagten und Speere und spitze Stöcke auf ihn warfen. Diese blieben in seinem Körper stecken und deswegen trägt der Echidna sie noch heute als seine Stacheln. Ich lauschte fasziniert und schrieb die Geschichte heimlich in meinem Notizbuch auf. Wieder zu Hause versuchte ich sie zu googeln, konnte aber nirgendwo eine Referenz finden. Ob die Geschichte eine der vielen überlieferten war, die nie aufgeschrieben worden waren? Oder doch nur eine schnell erdachte, um die Langeweile in der Warteschlange zu überbrücken?

Während ich noch über die schöne Geschichte des Echidnas grübelte, bestiegen wir auch schon unser Boot, das uns durch einen Teil der insgesamt 13 Schluchten im Nitmiluk Nationalpark schippern sollte. Die hohen Klippen um uns herum ließen das Boot winzig erscheinen, doch das Wasser floss an diesem Tag so gemächlich dahin, dass ich mir kaum vorstellen konnte, wie sich der Fluss in der Regenzeit in ein reißendes Monstrum verwandeln konnte. Wenn im Sommer große Flächen überschwemmt waren, zogen häufig auch die Salzwasserkrokodile aus dem Kakadu Nationalpark bis in die Katherine Gorge, in der sonst nur die viel harmloseren Süßwasserkrokodile lebten. Deswegen hatten die Wildhüter des Nitmiluk Nationalparks immer wieder rote Bojen an den seichteren Uferbereichen installiert. „Wenn sich ein Saltie bei uns herumtreibt, dann beißt es die Bojen an – das zeigt uns dann, dass wir losgehen und es einfangen müssen." Treiben sich Salties zu nahe an menschlichen Behausungen herum, stiften sie zuviel Unruhe und stören die Touristenspots. Die Wildlife Ranger fangen sie dann und und bringen sie meist zu irgendwelchen Krokodilfarmen.

Während unser Boot gemächlich durch die idyllischen Schluchten tuckerte, versuchte Tourguide Mat – ein Maori aus Neuseeland – uns bei Laune zu halten. Er zeigte uns ein Felsloch, das angeblich wie die Landkarte Australiens geformt war und berichtete, wie der lokale Aborigine-Stamm ihn als Ureinwohner Neuseelands zum *Walkabout* eingeladen habe. „Wir waren zu dritt und gingen mehrere Tage in den Busch, ohne Essen und irgendwas und meine Freunde jagten alles, was wir aßen." Sie fingen Fische, sammelten Beeren und erlegten ein Känguru. „Es war ein tolles Erlebnis. Back to nature." Er grinste verschmitzt. Nach drei Tagen reichte es Mat aber trotzdem. Er erklärte seinen Freunden frech, dass er heute das Essen jagen werde und ihnen zeigen wolle, wie die Maori in Neuseeland das so machen würden. Seine zwei Freunde folgten ihm nichts ahnend durch den Busch, bis sie alle drei mit Hilfe von Mats Kompass wieder zurück an der Hauptstraße waren. Einer seiner Freunde verzog das Gesicht spöttisch. „Hier willst du jagen? *Roadkill* oder was?" Mat grinste und sagte: „Warte ab."

Zehn Minuten später winkte er ein Auto heran, das langsam am Straßenrand entlang fuhr. Das Auto hielt an, Mat griff etwas aus dem Inneren, reichte dem Fahrer mehrere Geldscheine und drehte sich um. „Die anderen begriffen es immer noch nicht", amüsierte er sich auch im Nachhinein noch. „Ich hatte per Handy drei Pizzen bestellt und hielt ihnen die offenen Kartons hin. Die zwei konnten sich vor Lachen kaum noch beruhigen". Mat musste ebenfalls grinsen, während er sich an das Erlebnis erinnerte. „Und ich sagte: ‚Seht ihr, so jagen wir Maori in Neuseeland unser Essen.'"

Kapitel XVII

Buschfeuer, Koalas und Monarchen

In unserem ersten Jahr in Australien hatte es vielleicht fünf Mal geregnet, immer nur kurze Schauer, dann war wieder bestes Wetter. Wenn es regnete, schüttete es jedoch wie aus Kübeln. Kurz darauf erstrahlte oft schon wieder die Sonne und die feucht-warme Luft schien wie eine Barriere vor einem zu liegen. Doch die langen Trockenphasen machten nicht nur das Alltagsleben schwer: Autowaschen, den Garten gießen – all das war verboten. Viel schlimmer war jedoch die Angst vor Buschfeuern. Wir, die nahe am Hafen lebten, bekamen anfangs nur wenig davon mit. Einmal hing eine Rauchwolke in der Luft und ich verschloss schnell alle Fenster in unserer Wohnung. Ein anderes Mal fand ich sogar Aschepartikel auf der Fensterbank, doch wir waren weit entfernt von dem, was die Menschen in der Nähe der Nationalparks miterlebten.

Im Sommer 2002 brannte es in allen Nationalparks rund um Sydney. Die Feuer gerieten außer Kontrolle und sämtliche Highways, die nach Sydney führten, mussten gesperrt werden. Niemand konnte mehr hinein, niemand hinaus. Tausende Menschen waren in Sydney gestrandet, viele campten an den Auffahrten zu den Autobahnen, in der Hoffnung so schnell wie möglich zu ihren Familien zurückkehren zu können, sobald die Wege wieder befahrbar waren.

Ich drehte damals mit einem Kamerateam in den nördlichen Stadtteilen, als dicke Rauchwolken den Himmel über Sydney verdunkelten. Von einer Stunde zur nächsten hatten sich an einem Nachmittag rund 75 Feuer entzündet. 20 Häuser waren bereits abgebrannt, rund 800 Menschen hatten evakuiert werden müssen, doch manche gerieten vom Regen in die Traufe. Als wir im Stadtteil Glenorie drehten, der von den Feuern bedroht war, musste das Evakuierungszentrum selbst wieder evakuiert werden. Doch alles ging glimpflich aus. Als wir langsam weiterfuhren, stießen wir jedoch auf die ersten Spuren der Zerstörung, die das Feuer hinterlassen hatte. Ein Teenager stand inmitten der Ruinen eines Hauses. Wir stoppten und ich sprach das Mädchen behutsam an. Sie hatte rot verweinte Augen, war aber ansonsten gefasst. Die Ruinen hinter ihr erinnerten eher an geschmolzenen Plastikmüll als an ein Haus. Die Zerstörung war perfekt gewesen. „Was ist hier passiert?", fragte ich sie leise, während der Kameramann bereits schon die Kamera laufen ließ. Ich winkte ihm etwas ungeduldig zu, doch das Mädchen nickte und sagte. „Ist schon ok, soll ja jeder wissen, was hier passiert ist." „Und was ist passiert?" „Unsere Mutter war ganz alleine hier, als das Feuer plötzlich über den Hügel kam. Es ging alles rasend schnell, aber sie hat sich ganz gut verhalten, hat versucht hier rauszukommen und sich und unseren Hund zu retten." Das Mädchen atmete tief durch. „Und dann wollte sie zurückkommen, hat das Auto unten an der Straße geparkt, aber da konnte sie schon nicht mehr hierher kommen, weil es schon zu heiß war ..." Sie brach wieder kurz ab. „Und der Rauch zu dicht war ...Und sie nicht mehr atmen konnte ..." Buschfeuer gehörten zu Australien dazu, das war eine der Sachen, die ich lernen und akzeptieren musste. Schließlich brauchen viele der Eukalyptus- und Grasbäume die Hitze eines Feuers, damit sich ihre Samenkapseln öffnen können und so ihre Vermehrung sichergestellt ist.

Jeder Australier, der in der Nähe eines Waldes lebte, hatte seinen Buschfeuerplan, was im Ernstfall zu tun sei. Wer direkt im Busch lebte, hob seine Dokumente und Wertsachen gleich in einer gemeinsamen Kiste auf, die im Notfall leicht mitgenommen werden konnte. Trotzdem unterschätzen selbst die Buschfeuer erprobten Australier die Gefahren immer wieder. Am 8. Februar 2009, den die Medien später den *Black Saturday* nannten, kamen in Victoria fast 200 Menschen in ihren Häusern oder im Auto auf der Flucht ums Leben. Mehr als 2.000 Häuser wurden zerstört. Feuerwalzen mit 100 Kilometern pro Stunde und 1.000 Grad waren über den Busch gerollt. Wer nicht floh und stattdessen beschloss, sein Haus und sich selbst mit einem Schlauch oder ein paar Wassereimern zu retten, der hatte keine Chance.

Im Vergleich dazu waren die Buschfeuer in Sydney 2002 nur unbedeutend gewesen, doch als es nach der langen Trockenheit zum ersten Mal wieder regnete, konnte auch ich nicht anders, als mich über das „schlechte" Wetter zu freuen. Der Wettermann im Fern-

sehen tanzte vor der Oper einen Freudentanz unter seinem Regenschirm und Orte wie Port Macquarie, fünf Autostunden nördlich
von Sydney, feierten Freudenfeste, nachdem es dort zwei Jahre lang
nicht mehr geregnet hatte.

Tom, Claude und ich waren wenig später auch auf dem Weg nach
Port Macquarie. Nicht um die Freudenfeste zu filmen, sondern um
das einzige Koalakrankenhaus Australiens zu besuchen. Wir waren
früher dran als gedacht und so stoppten wir auf einem kleinen Campingplatz in Diamond Head kurz vor Port Macquarie. Dort sollte es
am frühen Abend von Kängurus wimmeln und tatsächlich starrten
mich bald von allen Seiten her langsam kauende Beutler an. Die meisten waren so zahm, dass sie uns bis auf einen Meter herankommen
ließen. Ich schoss ein Foto nach dem anderen und auch Claude knip-
ste vor sich hin. Tom lehnte derweil am Auto, kaute auf einem Gras-
halm und grinste. „Was?" Ich schaute ihn kurz an, ohne jedoch den
Blick allzu lange von diesem Känguruspektakel zu wenden. „Ihr seid
süß." „Wie bitte?" „Wie ihr euch über die Kängurus freut." „Ach, du
bist halt ein Aussie, ihr schätzt diese tollen Tiere gar nicht wirklich."
Er gluckste vor Lachen. „Da hast du wohl Recht, wenn ich mir all
die *Bull Bars* hier am Land anschaue." *Bull Bars* waren extrem große
Stoßstangen, denen der Zusammenstoß mit einem Wildtier wenig
anhaben konnte, die aber Tierschützern wie mir ein Gräuel waren.
Ich hatte jedoch keine Lust, einen Streit mit Tom vom Zaun zu bre-
chen. Ich seufzte und ging zurück Richtung Auto. „Lasst uns ins Hotel
fahren. Wir müssen morgen früh raus zum Drehen."

Am nächsten Morgen meldeten wir uns schon früh beim Koala
Hospital. Die Krankenhausleiterin Cheyne begrüßte uns und stellte
uns erstmal ihre Patienten vor. Hart Gunn zum Beispiel hatte einen
zertrümmerten Oberschenkelknochen. Doch er hatte Glück im
Unglück gehabt: Ein guter Samariter hatte ihn nach einem Hunde-
angriff verletzt an der Straße gefunden und ins Koalakrankenhaus
gebracht. Das sei nicht selten, erzählte uns Cheyne, Hundeangriffe
seien eines der Hauptprobleme beim Koalaschutz. Stolz führte sie uns
umher: Wie bei einem echten Krankenhaus gab es eine Intensivsta-
tion für besonders ernste Fälle, ein 24-Stunden Rettungsteam und

einen Operationsbereich. Wir drehten die Koalas beim Füttern und Wiegen und wie sie untersucht und verarztet wurden. Claude nickte anerkennend: „Alles sehr professionell."

Für den Nachmittag hatte ich einen Termin bei einer Privatpflegerin vereinbart. Sie kümmerte sich um einen sehr alten Koala, der nur noch wenige Monate zu leben hatte. Erst dachten wir, wir wären falsch gefahren, denn die Adresse, die sie mir gegeben hatte, führte zu einem Campingplatz in Port Macquarie. Seltsam. Ich nahm meinen Zettel mit der Adresse und ging auf einen älteren Herrn zu, der versunken an der Rezeption saß und Zeitung las. „Ähm, Entschuldigung." Er las weiter. „Wissen Sie ob hier eine Pam wohnt?" „Love, hier wohnen hunderte Leute, da ist sicher auch eine Pam dabei. Woher soll ich das wissen." Er schaute wieder in die Zeitung. Ich hielt ihm meinen Adresszettel unter die Nase und sagte: „Sie kümmert sich um einen Koala." „Ach, die Pam meinst du, ja die wohnt hier. Da vorne rechts, fünftes Haus auf der linken Seite." Ich faltete meinen Zettel wieder zusammen, bedankte mich und deutete Tom, in welche Richtung er fahren sollte.

Als wir vor Pams Haus stoppten, kam sie uns auch schon entgegen. Sie war um die 70, wog mindestens 90 Kilo und hatte Miss Beautiful, die alte Koala-Dame, wie eine Trophäe auf die Hüfte gesetzt. Ohne große Begrüßung fing sie an zu erzählen. „Miss Beautiful ist die wahrscheinlich älteste Koaladame ganz Australiens – sie ist über 20 Jahre alt." Pam winkte uns, ihr zu folgen und wir kletterten die wenigen Stufen zu ihrem Trailer hoch. Ich sah mich neugierig um. Ihr Haus war kein Haus, sondern ein alter Wohnwagen oder mehrere Teile von Wohnmobilen, die zusammengeschweißt waren und nun eine Art Trailerhaus ergaben. Auf dem Boden lagen Eukalyptusblätter und Erde. Pam führte uns ins hinterste Zimmer. „Das ist mein Gästezimmer. Miss Beautiful wohnt hier jetzt schon seit zwölf Monaten, obwohl ihr der Tierarzt nur wenige Wochen gegeben hatte", sagte sie mit vor Stolz geschwellter Brust. Miss Beautifuls Zimmer war komplett mit Zeitungspapier ausgelegt. In einer Ecke prankte ein Holzpfahl als Ersatzbaum mit einem großen Büschel Eukalyptusblätter. Pam setzte Miss Beautiful wieder auf ihren provisorischen Baum und strich sich die Koalahaare von der Schürze. Innerlich rümpfte ich meine Nase. Der gesamte Trailer roch intensiv nach Koala und vor allem nach Exkrementen. Wir filmten so schnell wir konnten, verabschiedeten uns herzlich von Pam, die wirklich ein großes Herz für Tiere zu haben schien und machten uns auf den Weg zurück nach Sydney. Als wir wieder im Auto saßen, räusperte sich Claude und sagte so charmant, wie es nur ein Franzose ausdrücken konnte: „Und ich dachte immer, Koalas würden so frisch riechen wie ein Hustenbonbon."

Als ich wieder zu Hause war, wartete bereits eine Postkarte auf meinem Schreibtisch auf mich. Ich drehte sie verwundert von links nach rechts. Obwohl es nur eine Postkarte war, sah sie sehr „offiziell" aus. Auf der Vorderseite war der Blick auf ein Stück Land abgebildet, die Grenzen gelb markiert. Daneben standen die Worte „Empire of Atlantium – the smallest country in Australia" – also Kaiserreich Atlantium - das kleinste Land in Australien, und das Datum, der 3. Septimus 10531. Auf der Rückseite blickte mich von der Briefmarke dann der Staatsmann höchst persönlich an: Kaiser George, die Hand in staatsmännischer Pose zum Gruße erhoben. Das Ganze hätte sich für mich wie ein Witz oder eine illegale Posse angehört, hätte ich nicht vor kurzem genau diesem Kaiser George einen Besuch abgestattet. Damals lebte er noch in einem 61 Quadratmeter Apartment in Sydney, doch das hatte den ambitionierten Mann nicht davon abgehalten, selbst dort sein Kaiserreich auszurufen. Rein rechtlich kann jeder in Australien seinen eigenen Staat ausrufen, nur leider berechtigt ihn das nicht, keine Steuern mehr zu zahlen oder sich nicht an die Rechtssprechung Australiens zu halten. Und Kaiser George mit seinem Reich Atlantium ist bei weitem nicht der Einzige. Unter anderem gibt es einen Prinzen im Sydney-Stadtteil Mosman und ein Fürstentum in Westaustralien.

Kaiser George hatte es mir dabei unter all den Adligen besonders angetan. Vielleicht auch, weil er immer für spannende Neuigkeiten gut war. So war die Postkarte ein Zeichen dafür, dass Kaiser George sich von seinem Zweizimmer-Apartment enorm weiter entwickelt hatte. Er war Landbesitzer geworden und hatte die „Provinz Aurora" gekauft, ein 77 Hektar großes Stück Land im Tal des Lachlan Rivers,

rund 340 Kilometer westlich von Sydney gelegen (und doppelt so
groß wie der Vatikan, wie Kaiser George betont, wenn man ihn auf
sein Kaiserreich anspricht). Anlass für seine Postkarte war weniger sein neues Besitztum,
sondern das 31. Jubiläum des Kaiserreiches. Zu diesem Anlass eröff-
nete Kaiser George das Postamt seines Staates und begrüßte in einer
Zeremonie drei neue Bürger. Als treue Bürgerin von Atlantium (als
Journalistin, die über ihn berichtete, musste ich auch gleich Bürger
des Staates werden) war ich nun auch eine der Glücklichen, die eine
der ersten offiziellen Postkarten des kleinsten Landes in Australien
erhielt. Neben der Kaiser-George-Briefmarke und dem Stempel war
sie übrigens auch mit einer australischen 60 Cent Briefmarke versehen. Denn bei allem Spaß war Kaiser George auch sehr korrekt.

Die Idee, sich „selbständig" zu machen, hatte er gehabt, als er
gerade mal 15 Jahre alt war und mit seinen beiden Cousins spielte.
Latein wurde zur offiziellen Amtssprache ernannt und in den folgenden Jahren bastelten sie an einer Hymne, an Briefmarken, Münzen,
einer Webseite und sogar einem eigenen Kalendersystem. 31 Jahre
später hatte Kaiser George nun etliche Untergebene. Es gibt Minister
und Diplomaten, aber auch eine Menge Adelige: Prinzen, Grafen und
Herzöge. Diese Titel werden nur für besondere Verdienste für das
Kaiserreich verliehen. Rund 1.000 Bürger aus über 70 Staaten gehören
dem Kaiserreich an, inklusive meiner Wenigkeit.

Als ich Michael abends die Postkarte zeigte, kam er sogleich auf
den Geschmack. „Kaiser George gefällt mir. Vielleicht sollten wir
auch ein Fürstentum oder so was aufmachen. Deutsche Touristen
könnten Eintritt zahlen, um uns regieren zu sehen." Er geriet enorm
in Fahrt. „Hier am Fenster könnten wir einen Thron aufstellen für
Audienzen und das Gästezimmer könnten wir meistbietend vermie-
ten." Ich sah ihn etwas mitleidig an. „Euch Männern steigen Sachen
doch ein wenig schnell zu Kopf. Stört es dich nicht immer, wenn
wir Besuch haben und du nicht nackt vom Bad zum Schlafzimmer
gehen kannst? Und jetzt willst du uns deutsche Touristen ins Haus
holen." Er legte den Kopf schief. „Vielleicht nur wenn sie unter 25
und gut aussehend sind?" Ich schlug ihm die Postkarte auf den Kopf

und Michael lief lachend davon. „Gib es zu: Ich habe nicht so seltsame Freunde hier in Australien wie du. Luke ist ja wohl harmlos, verglichen mit Kaiser George."

Kaiser George war eine Type, doch er verblasste, wenn ich an die Dragqueens dachte, mit denen ich eines Tages für das ZDF in einen Tourbus stieg, um die einzige Dragqueen-Stadtrundfahrt Sydneys zu drehen, oder an den unvergleichlichen Country Sänger Billy Mitch, den ich erst kennenlernte, als ein deutscher Regisseur eine Reportage in Australien drehte. Sigi war ein guter Freund und Kollege, der sich seine Drehs von Anfang bis Ende von mir organisieren ließ. Ich arbeitete gern mit ihm zusammen. Er war nett, fair und immer gut gelaunt. Auch Tom drehte gerne mit ihm, doch Claude hatte eine Serie übernommen, bei der arme Teilnehmer in unmenschlicher Zeit die Wohnung eines Fremden renovieren mussten. Er fiel für drei Monate aus und Tom zauberte einen weiteren Kollegen aus dem Hut, mit dem ich bisher nur einmal gedreht hatte. David war ein gemütlicher, wohl beleibter Tonmann, den so schnell nichts aus der Ruhe bringen konnte. Sigi hatte auf einem seiner ersten Drehs schon mal mit ihm gearbeitet und kam bestens mit ihm klar, wie wohl mit jedem, den er traf. Sigi war ein echter Sunnyboy. Groß, schlank, mit blondem Haar und verwegener Tolle sah er wie die deutsche Version von Crocodile Dundee aus. Die australische Frauenwelt lag ihm zu Füßen. So ergaben sich bei seinen Drehs oft noch weitere, unvorhergesehene Gelegenheiten, die die drei Jungs mit Freuden annahmen und filmten.

Als ich die Filme der drei später auf DVD bekam, war ich beeindruckt, was für geniale Zusatzszenen Sigi noch so neben dem Dreh organisiert hatte. In Townsville hatte er ein Opfer gefunden, das eine Begegnung mit der absolut tödlichen Würfelqualle überlebt hatte. Ich fiel aus allen Wolken. Alle, die ich in Queensland recherchiert hatte, waren gestorben. Und als er mit meinem Outbackpiloten drehte, war der Passagier im Flugzeug der berühmte Country-Sänger Billy Mitch. Ich musste beim Anschauen ein paar Mal schlucken. Sigi war genial. Wie hatte er das alles so nebenbei noch organisiert? Als ich Tom wenig später zum Kaffeetrinken traf, fragte er spitzbübisch: „Wie hat dir Billy Mitch gefallen, der berühmte australische Country-Sänger?"

Er schaute mich von der Seite an. Ich drehte mich in seine Richtung. „Ja, stimmt. Das wollte ich dich fragen, wie habt ihr denn den Sänger und das Würfelquallen-Opfer so schnell noch aufgetan? Das war genial." „Genial war das", Tom grinste. „Ich dachte eigentlich immer, ihr Deutschen nehmt es recht genau mit eurer Recherche. Du zumindest bist oberpingelig." Ich schaute ihn fast ein wenig beleidigt an. „Wie meinst du das?" „Nun, ich meine das als Kompliment. Du prüfst immer mehrmals gegen." „Das meine ich nicht. Warum sagst du das ‚genial‘ so sarkastisch?" Tom schüttelte belustigt den Kopf. „Hast du das Würfelquallen-Opfer und Billy nicht erkannt?" „Wie bitte?" Ich stand auf der Leitung. Tom schmunzelte wieder. „David mit und ohne Bart. Als Opfer kam er gut rüber, aber als Sänger war er unschlagbar. Ich wusste gar nicht, dass dieser Tonman so viel schauspielerisches Talent hat." Ich sah ihn verdattert an. Das war alles erschwindelt und erlogen? Und ich hatte Sigi noch bewundert. „Ist jetzt dein Glaube an die Menschheit erschüttert?" Tom konnte das Lachen nicht länger verbergen. „Nein, das nicht, aber an die deutschen Fernsehjournalisten schon."

Kapitel XVIII

Nicht alles Gold, was glänzt ...

Nicht immer ging es in meiner täglichen Arbeit um Haie, Koalas oder Quallenopfer, obwohl sich diese Themen eindeutig am besten nach Europa verkauften. Fischer kämpft mit Krokodil und gewinnt, Tourist überlebt drei Tage im Busch und trinkt Kontaklinsenflüssigkeit und Urin (ein Engländer natürlich – bei solchen Fällen handelt es sich leider irgendwie immer um Engländer oder Deutsche) ... Diese Geschichten gingen weg wie warme Semmeln. Politische Themen oder das Schicksal der Flüchtlinge in Australien oder gar das der Ureinwohner taten sich dabei deutlich schwerer: In Australien wie auch international.

In meiner gesamten Zeit in Australien konnte ich nicht nachvollziehen, warum ein so reiches Land wie Australien, Asylsuchende und Flüchtlinge so schlecht behandeln musste. Hatte man nicht genug Geld, um es mit einigen tausend Menschen in Not zu teilen? Musste man sie aus Angst vor Terroristen in abgeschotteten Lagern im Outback, auf der Weihnachtsinsel oder sogar außer Landes auf den Inseln Nauru und Manus unterbringen? Die einzelnen Schicksale berührten mich sehr, wenn sie denn mal nach draußen drangen. Als ich mich für einen Artikel mit der australischen Menschenrechtskommissarin traf und die mir von Kindern in einem Lager in der Nähe von Sydney erzählte und der Tortur, der sie ausgesetzt waren, täglich durch drei Sicherheitskontrollen zu müssen, um die Schule zu besuchen, bekam ich feuchte Augen. Auch die wenigen Sätze, die australische Aktivisten der Gruppe GetUp von einer Frau, die auf der zu Papua-Neuguinea gehörenden Insel Manus interniert war, veröffentlichten, hingen mir noch lange nach. In ihrer Stimme hatte so viel Hoffnungslosigkeit mitgeklungen, als sie sagte: „Wie lange müssen wir hier bleiben, fünf Jahre, sechs Jahre? Niemand weiß es. Ich fühle mich als lebe ich wie ein Tier, wie ein Gefangener. Ich wünschte, ich wäre eine Taube, dann wäre ich frei. Wir wollen nur Freiheit, Ehrlichkeit, Gerechtigkeit und Sicherheit, das ist alles was wir wollen."

Während die Flüchtlinge wirklich die vergessenen Menschen Australiens für mich sind, hat sich die Lage der Ureinwohner in den vergangenen Jahren zumindest ein klein wenig verbessert. Die Situation richtig einzuschätzen ist für einen Außenstehenden nicht leicht, vor allem da man zumindest in Sydney nicht wirklich oft Aborigines kennenlernt. Ab und zu spreche ich mit dem einen oder anderen Ureinwohner für ein Interview oder ich suche ein Gespräch mit den Aborigine-Künstlern beim Didgeridoo-Spielen am Circular Quay oder den Tänzern am Australia Day. Zumindest dort hatte ich in der jüngeren Vergangenheit das Gefühl, dass ein gewisser Heilungsprozess eingesetzt hat.

Der erste Schritt war eine Entschuldigung des ehemaligen Premierministers Kevin Rudd im Parlament gewesen. Die Ureinwohner Australiens hatten seit Beginn der weißen Besiedelung unter Diskriminierung, Verfolgung und Ausgrenzung gelitten. Rudd hatte mit seiner Entschuldigung vor allem die noch offenen Wunden der sogenannten „Stolen Generation" heilen wollen, einer Generation, die bis in die 1970er Jahre als Kinder gewaltsam ihren Familien entrissen worden waren und in Heimen und Pflegefamilien aufwuchsen, wo sie nicht selten missbraucht wurden.

Der zweite Schritt war ein neuer Gesetzesentwurf, der die Aborigines als die ersten Einwohner Australiens anerkannte. Die Anfang 2013 amtierende Premierministerin Julia Gillard beschrieb die bisherige Abwesenheit der Anerkennung der Ureinwohner in der Verfassung als „das große australische Schweigen" und als eine „nicht verheilte Wunde". Keine Geste würde den Heilungsprozess der Nation mehr zum Ausdruck bringen als das Gründungsdokument Australiens, also die Verfassung, zu verändern. Der damalige Oppositionsführer Tony Abbott sprach vom „Fleck auf unserer Seele" und sagte vor dem Parlament, Australien werde von der ganzen Welt beneidet mit der einen Ausnahme, dass „wir nie völligen Frieden mit den ersten Australiern geschlossen haben." Der Tag markierte auch das seltene Einvernehmen zwischen Premierministerin Julia Gillard und ihrem Rivalen Tony Abbott, die in den Monaten davor und danach kaum ein gutes Haar am jeweils anderen gelassen hatten. Dass die symbolischen Gesten aber nicht unbedingt das Alltagsleben beeinflussten, wurde mir klar, als ich weiter über die Situation vieler Aborigine-Kinder in Darwin, Katherine oder Tennant Creek im Northern Territory recherchierte. Dort waren hunderte Kinder obdachlos, von den Eltern verlassen, die in Richtung Busch gezogen waren. Sie waren verwahrlost, schnüffelten Benzin und oft wurden sie Opfer von Misshandlungen. Fast konnte ich es verstehen, als der Regierungschef des Northern Territory Adam Giles vorschlug, wieder mehr Kinder adoptieren zu lassen. Als erster indigener Regierungschef einer australischen Region konnte er sich so weit aus dem Fenster lehnen, doch auch er musste sich die Stimmen derer gefallen lassen, die eine neue „gestohlene Generation" befürchteten und argumentierten, dass die Kinder in einer Aborigine-Familie ja „mehrere Mütter" hätten, da sich auch Tanten und Omas um sie kümmern würden.

Auch die Diskriminierung der Ureinwohner spielte nach wie vor eine Rolle. Die spiegelte sich in meinen Augen in einem prominenten Gerichtsverfahren wider. Mitte 2013 verklagte eine Gruppe Ureinwohner die australische Fluggesellschaft Qantas. Qantas gilt bei vielen als das Vorzeigeunternehmen Australiens, auch wenn der Ruf der Fluggesellschaft in den vergangenen Jahren durch Pannen und ungeschickte PR-Maßnahmen angekratzt worden war. Doch plötzlich stand der Fluglinie eine gewaltige Belastungsprobe ihrer Marke bevor. Die acht Aborigines, die Qantas verklagten, waren in Sydney aus dem Flugzeug verwiesen und eineinhalb Stunden in einem Bus auf dem Rollfeld eingesperrt worden. Die Männer waren auf dem Rückweg von einem Führungskräftetraining in Cairns zu ihrem Heimatort Kempsey, der nördlich von Sydney liegt. Der Vorfall ereignete sich auf ihrem Zwischenstopp in Sydney, als sie ein weiteres Flugzeug besteigen wollten. Obwohl das Ereignis bereits drei Jahre zurücklag, erhoben die Männer erst jetzt Anklage. Einer der Betroffenen, Michael Edwards, sagte dem australischen Fernsehsender ABC, dass er den Vorfall nicht aus seinem Kopf kriegen könne: „Ich denke, wir wurden von Qantas diskriminiert, da nur acht Aborigines im Flugzeug waren".

Nach Michael Edwards Aussage hörten die Männer Musik und hatten Kopfhörer auf, als Sicherheitspersonal ins Flugzeug kam und die acht Männer hinausbegleitete. Auf dem Rollfeld mussten sie in einem Bus warten und Craig Edwards, der ebenfalls zu der Gruppe Männer gehörte, sagte, dass sie in den ein bis zwei Stunden nicht einmal zur Toilette gehen durften. „Sie hielten uns wie Hunde in einem Bus", sagte er. Später habe sie dann die Polizei abgeholt und in die Wartehalle begleitet, wo man ihnen mitteilte, dass sie erst am folgenden Morgen fliegen könnten, zu zweit und im Abstand von zwei Stunden. Michael Edwards sagte der ABC, dass er sich gedemütigt fühlte. „Die Leute schauten uns an, kicherten ... Ich fühlte mich wie ein Verbrecher, so als hätte ich irgendetwas ganz Schlimmes getan und das, wo wir nichts Falsches gemacht hatten." Am Ende entschieden sich die Männer, ein Auto zu mieten und noch nachts die rund 345 Kilometer bis nach Kempsey zu fahren. Craig Edwards verpasste durch die verspätete Ankunft sogar die Geburt seines ersten Enkelkindes.

Qantas dagegen rechtfertigte das Verhalten seiner Mitarbeiter. In einer Erklärung gab die Fluggesellschaft bekannt, dass sie null Toleranz gegenüber einem Benehmen habe, das die Sicherheit anderer im Flugzeug kompromittieren könne. Und die Flugbegleiterin des Fluges sagte in einer eidesstattlichen Erklärung, dass die Männer sich rowdyhaft und lautstark benommen hätten. Einer hätte sie als „weißes Gesindel" bezeichnet und die Männer hätten ihre Bitten, sich zu beruhigen ignoriert. Daraufhin habe sie den Flugkapitän informiert und ihm gesagt, dass sie sich unbehaglich und bedroht fühle. Sie habe gefordert, dass entweder die Männer das Flugzeug verlassen müssten oder sie selbst. Die Aborigines widersprachen dieser Version und sie hatten einen bekannten Unterstützer auf ihrer Seite. Der unabhängige Parlamentsabgeordnete Rob Oakeshott, der ebenfalls im selben Flugzeug war, sagte: „Von all dem, was ich gesehen habe, haben sie sich nicht anders benommen als jemand, der ein wenig aufgeregt ist, weil er in einem Flugzeug fliegt." Er habe die Reaktion für überzogen gehalten und vermute, dass andere Reisende es ebenso sähen. Die Anklage war in gewisser Weise symptomatisch für das nach wie vor nicht wirklich gesunde Verhältnis zwischen weißen und indigenen Bevölkerungsgruppen.

Mich erregten all diese Geschichten. Eine revolutionäre Ader schien sich in mir aufzutun und ich hatte das Gefühl, etwas tun zu müssen. In der direkten Schusslinie meiner aufwallenden Emotionen stand Michael, der sich abends, wenn er geschafft und müde aus dem Büro kam, meine Geschichten von Unrecht, Diskriminierung und Rassismus anhören musste. Auch meine Buchclubgruppe wurde zum Opfer meiner rebellischen Tendenzen und dort fand ich interessanterweise einige versteckte Co-Rebellen, von denen ich das gar nicht für möglich gehalten hatte. Doch das Gros der Australier schien sich nicht ausreichend für Politik und Demokratie zu interessieren, als dass sie ein ganzes Gespräch dazu führen wollten.

Glücklicherweise waren diese negativen Geschichten verhältnismäßig selten. Trotzdem dachte ich, dass es diese Geschichten der Flüchtlinge oder der Diskriminierung der Ureinwohner in einem Land wie Australien ja gar nicht geben dürfte. Es war es also wert, mit Aktivistengruppen wie GetUp darum zu kämpfen, die Demokratie aufrechtzuerhalten und die Menschenrechte zu verteidigen. Als Journalistin hatte ich vielleicht nicht die Einflussmöglichkeiten wie ein Arzt oder Lehrer, aber ich schrieb mir auf die Fahne, wann immer möglich, Themen wie diese zumindest publik zu machen, auch wenn sie sich finanziell bei weitem nicht so gut verkauften wie Haiübergriffe, Krokodilkämpfe oder Koalaknuddeleien.

Ein weiteres, völlig anderes Thema, das mich gerne mal auf die Palme brachte, waren die Plastiktüten, die gratis und in großen Mengen in den Supermärkten an der Kasse vergeben wurden. Als ich mit einer indischen Freundin darüber diskutierte, unterbrach sie mich plötzlich mitten im Satz und sagte: „Da können wir was tun." „Wie meinst du das?" „Wir können Jutetaschen aus Indien importieren, nicht so langweilige, sondern schicke mit einem tollen Design, das die Leute nicht nur zum Einkaufen rumtragen wollen." Ich schaute sie ungläubig an. „Meinst du wirklich?" „Aber sicher." Ich überlegte kurz und meinte dann: „Ok, warum nicht. Anstatt Petitionen zu unterschreiben und Artikel zu versenden, wäre das mal eine tatkräftige Aktion." In den kommenden Wochen teilten wir uns die Arbeit auf, sie recherchierte Produktionsstätten in Indien und ich baute eine Webseite auf und schloss erste Kontakte. Kaum acht Wochen später schickten wir die ersten Designs nach Indien und bestellten Probetaschen. Über die folgenden Monate bauten wir einen kleinen Kundenstamm auf: Maggie, die einen kleinen Obst- und Gemüseladen betrieb und immer für ein Schwätzchen zu haben war, George, der libanesischer Abstammung war und die Taschen als Deko an seine Kasse hing oder Angelo, der seine italienische Herkunft nicht verleugnen konnte, wenn er „Ciao Bella Mia" durch den Supermarkt rief. Bald merkten wir, dass mit den Taschen nicht wirklich Geld zu verdienen war und meine indische Freundin stieg aus, als ihr Mann nach Paris versetzt wurde. Doch ich fühlte, dass ich mit meinen Taschen etwas Wichtiges tat, einen kleinen Unterschied machte und zudem wollte ich auch Maggie, George, Angelo und die vielen anderen nicht im Stich lassen, die unsere Produkte in ihr Repertoire mit aufgenommen hatten.

Während ich – zum wachsenden Horror Michaels – bis zu 1.000 Jutetaschen in Kartons verpackt unter unserem Bett lagerte, da wir in unserem Haus weder einen ordentlichen Keller noch eine trockene Garage hatten, muss intuitiv auch mein Bewusstsein für Umweltthemen gestiegen sein. Schon als wir in Tasmanien Urlaub machten, waren mir die großen Holztransporter aufgefallen, die vom Cradle Mountain in Richtung Launceston düsten. Michael trat jedes Mal wieder unwillkürlich auf die Bremse, wenn eines dieser Ungetüme um die Kurve raste.

Hellhörig wurde ich jedoch, als ich von einer jungen Frau hörte, die sich wie niemand anders für die Wälder ihrer Insel einsetzte. In einer Aktion verbrachte sie sage und schreibe 449 Tage lang auf einem Baum, um ein Zeichen gegen das Abholzen zu setzen und für den Erhalt der Regenwälder Tasmaniens zu kämpfen. 449 Tage saß sie zwischen den Baumwipfeln, in 60 Metern Höhe, auf einer wenige Quadratmeter großen Plattform inmitten eines uralten tasmanischen Waldes. Sie trotzte eisigen Wintertemperaturen, schweren Herbststürmen und der Hitze des Sommers. Erst ein Buschfeuer zwang sie schließlich in die Knie oder besser gesagt vom Baum. Überleben konnte sie in ihrem luftigen Zuhause durch die Unterstützung anderer Umweltschützer, von Freunden und ihrer Familie, die ihr regelmäßig Wasser und Nahrung zu ihrem Baum im Tyenna Valley brachten, das 90 Kilometer westlich von Tasmaniens Hauptstadt Hobart liegt. „In den 15 Monaten habe ich keinen Fuß auf den Boden gesetzt. Ich war nur oben auf dem Baum", erzählte mir Miranda Gibson. Mit Hilfe eines kleinen Campingkochers bereitete sie einfache Gerichte zu und erwärmte Wasser zum Waschen. Fast 15 Monate hatte sie keine Dusche, sondern wusch sich mit Wasser aus einem Eimer. Über ein Solarpanel betrieb sie ihren Laptop und hatte Internetzugang, schrieb einen Blog und sprach mit Schülergruppen oder Journalisten über die prekäre Situation der Wälder Tasmaniens. Ein Plastikdach schützte sie vor den Elementen, doch das wechselhafte Wetter Tasmaniens war nicht immer einfach zu ertragen. Miranda musste Stürme auf ihrer Plattform überstehen, bei denen der gesamte Baum schwankte und eisige Temperaturen im Winter überdauern. Am härtesten fand sie die Isolation – tagein, tagaus alleine auf dem Baum zu sein, auch wenn sich ab und zu Besucher zu ihr hoch trauten. Der ehemalige Parteivorsitzende der Grünen Bob Brown kletterte einmal zu ihr hoch und auch ihre Mutter, ihr Vater und ihre Schwester besuchten sie unabhängig voneinander.

Doch trotz der Strapazen war es ein einzigartiges Erlebnis, sagte Miranda Gibson: „Du hast so viel Zeit da oben, den Wald wirklich zu schätzen und zwar zu jeder Jahreszeit: Im Sommer wenn die Bäume blühen, im Winter, wenn sie mit Schnee bedeckt sind. Unvergleichlich sind auch die Sonnenaufgänge über den Wipfeln oder wenn der Nebel langsam zwischen den Bäumen hochsteigt." Ihre besten Freunde wurden die Vögel des Waldes. „Manche Vögel kamen täglich vorbei und saßen mit mir auf der Plattform. Andere sah ich nur ab und zu. Einmal kreiste eine vom Aussterben bedrohte Adlerart über meinem Baum. Das war einmalig." Am liebsten wäre sie noch länger in ihrem luftigen Zuhause geblieben, doch das Buschfeuer, das in einem Kilometer Entfernung brannte, zwang sie schließlich dazu, wieder auf den Boden zurückzukehren.

Zurück in der Zivilisation ging es Miranda Gibson nun nicht darum, endlich mal wieder eine heiße Dusche zu nehmen oder einen guten Kaffee zu trinken. Ihr Kampf musste weiter gehen – gegen das Abholzen von Gegenden, die in Teilen sogar zum Weltkulturerbe ernannt worden waren. Miranda war sicher eine Weltverbesserin, die nicht unbedingt viel verbesserte, und doch bewunderte ich ihr unerschütterliches Engagement.

Es gab tatsächlich einige solcher Menschen in Australien, die versuchten etwas zu verändern. Ein prominenter war der australische Millionär Clive Palmer, über den ich bereits häufiger geschrieben und recherchiert hatte – denn seine exzentrischen Eskapaden interessierten auch die Leser in Übersee.

Eigentlich könnte sich der Australier beruhigt zur Ruhe setzen, denn der Bergbaumagnat ist einer der reichsten Menschen des Fünften Kontinents. Doch das Geld – Forbes schätzte sein Eigenkapital 2012 auf 795 Millionen US-Dollar – scheint Palmer nicht so wichtig zu sein. Vor allem seit Beginn 2013 hatte er die Spendierhosen an. Erst verkündete er, dass er die „Titanic" originalgetreu nachbauen wolle. Sie wird derzeit in China produziert und soll ab 2016 die gleiche Route fahren wie damals. Und Anfang April gab er dann bekannt, dass er in einem seiner Hotels – dem Palmer Coolum Resort in Queensland – einen Dinosaurier-Park bauen wolle. Ebenfalls so originalgetreu wie möglich – also eine australische Version des „Jurassic Parks" mit insgesamt 165 animierten Dinos.

Doch nicht genug der Schlagzeilen: Wenig später ließ der Multimillionär verlauten, dass er 2013 auch noch australischer Premierminister werden wolle. Dass der Millionär mit seinem Versuch wenig Chancen haben würde, war vielleicht von Anfang an klar, doch Clive Palmer ist niemand, der sich schnell entmutigen läßt. So gab er eine Art „Schlachtplan" bekannt. Er wollte die traditionsreiche United Australia Partei (UAP) umbauen, die bereits seit 1931 bestand, aber nach einigen Höhen in der jüngeren Vergangenheit in die Bedeutungslosigkeit gefallen war. Die Zeitung Brisbane Times zitierte Palmer mit den Worten: „Ich habe keine persönlichen Interessen." Er habe in seinem Leben genug Geld verdient. „Mit geht es nicht darum, meinen eigenen Wohlstand zu vermehren, sondern den des australischen Volkes." Er selbst könne auch einfach wegziehen, in Monaco leben, sich einen Drink gönnen und sein Land vergessen. Aber er habe eben eine größere Bindung an Australien und seine Kinder als alle anderen. Ich persönlich freute mich wie eine Schneekönigin über all diese neu geborenen Politiker, die sich 2013 plötzlich anfanden. Denn neben Clive Palmer drängte ein weiterer prominenter Australier in die Politik. Auch „WikiLeaks"-Gründer Julian Assange, zu dem Zeitpunkt nach wie vor in der ecuadorianischen Botschaft in London, bewarb sich um einen Senatssitz bei den australischen Wahlen im September 2013.

So farbenfroh und schillernd wie 2013 war die Politik des Landes schon lange nicht mehr gewesen, vor allem da in dem halben Jahr vor den Parlamentswahlen Streitereien, Putschversuche und Ungereimtheiten fast an der Tagesordnung waren. Plötzlich schaute die ganze Welt auf Australien – eine völlig neue Situation. Einige Jahre zuvor hatte Bill Bryson noch in seinem Buch „Frühstück mit Kängurus" geschrieben, dass er wieder mal im Flugzeug in Richtung Down Under sitze und nicht wisse, wer eigentlich gerade Premierminister in Australien sei. Ja, dass das Desinteresse an der australischen Politik so groß sei, dass das Land sogar schon mal seinen Premier verloren habe, ohne dass es davon gehört habe. Die Rede war dabei von Harold Holt gewesen, der in den 1960ern kurzzeitig an der Macht war, doch beim Schwimmen vor der Küste Victorias nach nicht einmal zwei Jahren im Amt 1967 verschwand und, wie man annimmt, ertrunken ist. Da aber nie eine Leiche gefunden wurde, überschlagen sich die Verschwörungstheorien bis heute.

Doch zurück zur Gegenwart: Von Julia Gillard, Australiens erster weiblicher Premierministerin, konnte man zumindest nicht sagen, dass sie keiner kannte. Obwohl die Meinungen sicher auch da auseinander gehen. Eine ältere Auslandskorrespondentin erzählte mir, sie hätte nach einem spektakulären, aber gescheiterten Putschversuch gegen die Premierministerin keinen Artikel an ihre Zeitung geschickt. Ich zog die Augenbrauen hoch: „Nicht? Das war doch ein starkes Thema. Ich habe das gleich mehrmals verkauft." „Wie?" Sie konnte es nicht glauben. Seit wann interessiere sich denn jemand in Europa für Australiens Politik? Vor allem wenn der Putsch auch noch scheitere? Ich zuckte die Schultern. Gillard verkaufte sich eigentlich ganz gut. Vielleicht weil sie die erste Frau an der Spitze dieses „Männer-Landes" war und deswegen fast permanent im Kreuzfeuer der einheimischen Medien und Politiker. Doch die ausländischen Journalisten – und dazu gehörte auch ich – sahen eher die herausragenden wirtschaftlichen Erfolge, die in Zeiten von Finanzkrise und Rezessionen weltweit hervorstachen und Politik und Wirtschaft am anderen Ende der Welt plötzlich auch für „good, old Europe" interessant machten.

Nicht umsonst hatte 2013 auch das „Time"-Magazin Julia Gillard neben dem Papst, Angela Merkel, Barack Obama und Chinas neuem Präsidenten Xi Jingping für die Liste der 100 einflussreichsten Menschen der Welt nominiert, auch wenn es am Ende nicht für eine Listung reichte: Doch die „Ehre" war symptomatisch für die Politikerin. Die Welt liebte oder schätzte sie zumindest, nicht zuletzt wegen ihrer flammenden Parlamentsrede, in der sie den konservativen Oppositionsführer Tony Abbott im Oktober 2012 wegen Sexismus und Frauenhass angeklagt hatte. Doch zu Hause im eigenen Land konnte die Premierministerin nur wenige Lorbeeren ernten: Die Umfragewerte versprachen ihr schon Monate vor der anstehenden Wahl eine Niederlage, die Presseberichterstattung war fast durchweg negativ.

Daheim war sie das klare Feindbild, doch im Ausland wurde sie bejubelt. Und ich gehörte auch dazu – nicht zuletzt, weil sie seit Bob Hawke die erste Regierungschefin war, die sich auch mal wieder mit Auslandskorrespondenten an einen Tisch setzte. Doch die Wirtschaft war ihr Hauptthema, als wir, die meist verarmten Journalisten, mit ihr gemeinsam zu Mittag aßen, ihren Worten lauschten und dabei vor allem glücklich waren, mal wieder eine ausgezeichnete, warme Mahlzeit zu uns zu nehmen. Und es stimmte: Während die Welt sich von einer wirtschaftlichen Krise in die nächste begab, konnte sich die Wirtschaft Australiens wirklich sehen lassen. Und das seit inzwischen 21 Jahren – denn so lange lag die letzte Rezession zurück. Während ich genüßlich ein Pilzrisotto aß, sprach Gillard über die geringe Arbeitslosenquote, eine geringe Inflationsrate und Staatsverschuldung sowie das dreifache A-Kreditrating des Landes. Davon konnten die meisten europäischen Länder nur träumen. Seit Gillard an der Regierung war, war Australien zur zwölftgrößten Volkswirtschaft der Welt angewachsen – zuvor belegte es Platz 15.

Doch wirtschaftliche Erfolge halfen Gillard im Laufe ihrer Amtszeit immer weniger und Ende Juni 2013 löste ihr Vorgänger Kevin Rudd sie noch vor der Wahl in einer spektakulären Partei-Revolte ab. Bizarrerweise hatte Gillard drei Jahre zuvor auf ähnliche Art und Weise Rudd abgelöst. Doch dem politischen Ringelreihen waren zu meinem Entsetzen Wochen weiterer sexistischer Angriffe auf die Regierungschefin vorausgegangen. Das Ganze war sogar so weit gegangen, dass sich australische Frauen in einem „Konvoi der Dekolletés" mit Gillard solidarisch zeigten. „Wir haben genug von dieser Scheiße", verkündete die australische Bloggerin Jennifer Wilson und meinte damit die wiederholten sexistischen Angriffe auf Gillard. „Jetzt schlagen die Brüste zurück", betitelte Wilson ihren Artikel und lud auf ihrem Blog ein Foto ihres Dekolletés mit hoch, um ihrer Frustration Luft zu machen. Über Twitter rief sie dann unter dem Hashtag #ConvoyOfCleavage – „Konvoi der Dekolletés" – schließlich andere Frauen dazu auf, es ihr gleich zu tun. Daraufhin stellten hunderte Frauen ihre Ausschnitt-Bilder ein, einige sollen sogar an Julia Gillard persönlich weitergeleitet worden sein.

Die Aktion startete nach einer harten Woche für Gillard, in der die Politikerin mit sexistischen Beleidigungen von Männern überhäuft worden war. Auf Twitter war beispielsweise das Foto einer Speisekarte aufgetaucht, die angeblich während eines Spenden-Dinners der Liberalen Partei zirkuliert war. Auf dem Menü war ein Gericht nach der Regierungschefin benannt, eine Wachtel mit „kleinen Brüsten und fetten Schenkeln". Gillard bezeichnete das Menü als „grob sexistisch und beleidigend".

Noch in der gleichen Woche kam es zu einem weiteren fragwürdigen Zwischenfall. Der Radiomoderator Howard Sattler fragte die Premierministerin im Live-Interview, ob ihr Partner Tim Mathieson schwul sei, weil er von Beruf Friseur sei. Obwohl Gillard die Frage als „absurd" abblockte, ließ der Moderator nicht von der Thematik ab und fragte frech weiter, ob Gillard wirklich bestätigen könne, dass er es nicht sei. Sattler wurde im Nachhinein von seinem Arbeitgeber suspendiert, der gestand, dass die Fragen „respektlos und irrelevant für die öffentliche Debatte" gewesen seien. Gillard ist jedoch bei weitem nicht das einzige Opfer. Finanzministerin Penny Wong musste sich

2011 Katzengeräusche von einem männlichen Oppositionspolitiker während einer Rede gefallen lassen und ein westaustralischer Politiker der Liberalen geriet in die Schlagzeilen, nachdem er am Stuhl einer Kollegin geschnüffelt hatte und als „Party-Trick" den BH einer Frau aufschnippte.

Letztendlicher Auslöser für die „Dekolleté"-Kampagne war jedoch eine andere Frau gewesen. In einer Podiumsdiskussion des Radiosenders ABC hatte die Kolumnistin Grace Collier gefordert, dass Julia Gillard im Parlament nicht so viel Haut zeigen dürfe. „Ich halte es für eine Premierministerin nicht für angebracht, ihren Ausschnitt im Parlament zu zeigen", so Collier. Das sei nichts, was sie sehen wolle. Das sei der Tropfen gewesen, der das Fass zum Überlaufen gebracht habe, schrieb Wilson als Reaktion. Und eine Menge anderer Frauen schienen ihr Recht zu geben, denn auf Twitter tauchten bald so viele Ausschnitt-Bilder auf, dass die feministische Facebook-Gruppe Destroy the Joint sogar eine Collage aus ihnen baute. Es sei eine humorvolle Art, Grace Collier zu sagen, dass sie eine Idiotin sei, sagte die Sprecherin der Gruppe, Jenna Price, eine Mitarbeiterin der University of Technology in Sydney, der Nachrichtenwebseite News.com.au. „Hier ist eine Neuigkeit für dich, Grace: Frauen haben Brüste."

Nach all diesen Erlebnissen reichte es aber nicht nur dem „Konvoi der Dekolletés". Auch Gillard selbst wollte danach Nägel mit Köpfen machen und Sexismus ein für alle Mal den Garaus machen. Die australische Menschenrechtskommission sollte eine Untersuchung in die Behandlung von Frauen am Arbeitsplatz initiieren. Gillard selbst hätte da als Musterbeispiel dienen können – doch bevor die Kommission noch zu irgendwelchen Erkenntnissen hatte kommen können, verdrängte Kevin Rudd die bis dahin einzige weibliche Premierministerin Australiens auch schon wieder von ihrer Position und letztendlich sogar völlig aus der Politik. Als ich Susan nach all diesen Vorfällen wieder zum Kaffeetrinken traf, stoppte sie mich, noch bevor ich überhaupt den Mund aufmachen konnte. „Falls du etwas über Julia Gillard sagen möchtest und den Sexismus in unserer Gesellschaft: Ja, ich gebe es zu, du hattest recht." Ich klappte den Mund wieder zu wie ein stummer Fisch. „Am Wochenende waren wir segeln und es war traumhaft." Susan plauderte munter weiter, während meine Gedanken noch bei Julia Gillard hingen. Politik langweilte sie eben. Ich riss mich zusammen und fing an, sie über die besten Buchten im Pittwater im Norden von Sydney auszufragen und ob sie schon einen Sport-Hut entworfen hatte.

Ursprünglich wollten Michael und ich nur ein Jahr in Australien bleiben. Wir wollten raus aus dem täglichen Trott, mal eine andere Luft schnuppern, ein Abenteuer erleben. Australien erschien uns als das ideale Land: Westliche Städte mit allem Komfort, aber direkt vor der Tür auch wilder Busch, das Meer und einfach andere Menschen als die, die wir so kannten. Obwohl wir auch in Sydney bald schon arbeiteten und uns nicht nur am Bondi Beach sonnten, hielt die Urlaubsstimmung verdächtig lang an. Doch irgendwann kehrte natürlich auch in Australien eine gewisse Gewohnheit ein. Irgendwann regnete es auch in Australien mal und es war düster und kalt und wir stießen auch in Australien mal auf Leute, die keinesfalls nett waren und die so verklärte *No worries*-Mentalität hatten.

Aus unserer herrlichen Wohnung direkt in Cremorne Point mussten wir nach zwei Jahren Hals über Kopf ausziehen, nachdem die Decke anfing, uns sprichwörtlich auf den Kopf zu fallen. Es war eine im Dachgebälk aufgehängte Decke und im Laufe der Jahrzehnte waren alle Verstrebungen durchgerostet. Als wir – nachdem sich eines Abends die schrecklichsten Geräusche über unseren Köpfen abspielten – am nächsten Morgen in Panik den Immobilienmakler anriefen, dauerte es eine halbe Ewigkeit, bis sich ein Handwerker blicken ließ, um die Situation zu überprüfen. Dann ging es jedoch schnell. Der gute Mann hatte auf einer wackeligen Leiter stehend ein Loch in die Decke gesägt, um mal nach dem Rechten zu schauen und dabei merkte er – oh Schreck – die Decke lag nur noch auf den Zimmerecken auf. Als er mir die Situation schilderte, musste ich schlucken – wäre die Decke in einem Rutsch runtergekommen, würden wir wohl nicht mehr auf dieser Erde weilen. Dieses Mal ging es dann auch schneller als gedacht und wenige Stunden später war unser Wohnraum voller Metallstützen, die die Decke an ihrem Platz hielten. Wir waren gerettet und damit vergaß uns der Immobilienmakler wieder. Wir zahlten die gleiche Miete, obwohl wir inmitten einer Baustelle wohnten. Da hatte Michael eine glorreiche Idee. Wenn wir über Weihnachten nach Deutschland flögen – in diesen eineinhalb Monaten könnte die Decke doch repariert werden? Wir würden in der Bauzeit keine Miete zahlen, dafür danach wieder normal weiterzahlen. Die junge Maklerin, die er mit dieser Idee bequatschte, fand das „super". Wir auch und so flogen wir voller Vorfreude auf die bald wieder hergestellte Wohnung nach Hause.

Als wir sechs Wochen später wiederkamen und erwartungsvoll die Tür aufschlossen, stachen uns sofort unsere Stützen ins Auge. Deswegen hatte die Maklerin also auf keine unserer E-Mails geantwortet. Ich griff nach der Post, die sich hinter dem Türschlitz stapelte und schaute sie durch. „Hier, wir haben einen Brief vom Makler", sagte ich zu Michael. „Mal schauen, was sie jetzt für eine Lösung vorschlagen." Doch der Brief war kein Brief mit einem Vorschlag, sondern eine Kündigung. Man hatte uns aus der Wohnung rausgeschmissen und eigentlich hätten wir bereits zwei Wochen zuvor ausziehen sollen. Ich hielt Michael den Brief wortlos hin. Während er ihn las, fing er noch an zu fluchen. „Das haben wir nun von unserer Nettigkeit. Jetzt werfen sie uns raus mit der Begründung, dass wir sechs Wochen keine Miete gezahlt hätten." Ich versuchte, die Ruhe zu bewahren. „Vielleicht ist das nur so eine automatisch generierte Sache. Ich rufe gleich mal Kylie an." Das war die nette Maklerin, die den „Deal" mit uns vor unserem Heimaturlaub besprochen hatte. Doch Kylie antworte nicht, sondern ein Mann, der mir mit unfreundlicher Stimme mitteilte, dass Kylie noch vor Weihnachten gekündigt hätte. Als ich ihm daraufhin unsere Situation schildern wollte, schnitt er mich ab: „Ihr hättet bereits ausziehen müssen und schuldet uns mehrere tausend Dollar Miete. Wir sehen uns vor Gericht wieder." Er legte auf und ich musste kurz die Tränen zurückhalten. Das war die schlimmste Ungerechtigkeit aller Zeiten. Michael hatte in der Zwischenzeit die weiteren Briefe geöffnet. „Ja, wir sind tatsächlich zu einer Anhörung vor dem „Fair Trading" eingeladen." Ich sah Michael mit gerunzelter Stirn an und sagte: „Peter. Wir rufen Peter an." Peter war Susans Mann und Rechtsanwalt. Als wir ihm wenig später die Situation schilderten, seufzte er nur und meinte: „Das mag sich für euch ungerecht anhören, aber das Gesetz hier bei uns ist nicht auf eurer Seite. Ihr hättet die Mietzahlung nicht einstellen dürfen, sondern hättet das Geld über ‚Fair Trading' im Nachhinein einfordern müssen. Dieser Fehler wird euch wohl die Mietzahlung und die Kaution kosten." Michael und ich schluckten, doch Peter behielt leider zumindest teilweise Recht: Wir verloren unsere Kaution, mussten die Miete aber nicht nachzahlen.

Das hatten wir der Tatsache zu verdanken, dass ich über Nachbarn und das Internet die Adresse des Eigentümers recherchieren konnte. Es war ein ausgewanderter Ungar, dessen Sohn in Frankfurt lebte – und ihm konnten wir unserer Situation schildern. Wohl weil er auch aus Europa kam, verstand er unsere Denkweise, entschuldigte sich für die Unhöflichkeiten des Maklers und wir beschlossen, uns „in der Mitte" zu treffen. Er bot sogar an, dass wir nach der nun endgültig anstehenden Reparatur wieder einziehen könnten und er einen neuen Makler finden würde. Doch aufgrund der Unsicherheiten hatten wir unsere sieben Sachen bereits gepackt und eine neue Wohnung gefunden, ein wenig höher die Straße hinauf. Die Wohnung hatte keinen Blick mehr auf die Oper, sondern ins Grüne, doch sie war geräumiger und näher an Michaelas kleinem Häuschen, sodass wir häufiger mal den Weg zur Fähre und zur Arbeit gemeinsam unternahmen.

Kapitel XIX

Aus Zwei mach Vier

Trotz dieses Schocks dachten wir nicht eine Minute darüber nach, wieder nach Hause zurückzukehren. Diese Phase der Nachdenklichkeit kam erst kurz nach der kritischen Fünfjahresmarke. Unser Freund Paul hatte schon in den ersten Jahren nach unserer Ankunft gesagt: „Wartet ab, nach fünf Jahren entscheidet es sich, ob ihr da bleibt oder weiter zieht. Ich zumindest bekomme dann wieder diesen Erkundungsdrang." Er war auch tatsächlich, als seine eigene Fünfjahresmarke anstand, mit Kind und Kegel wieder aus der Luxusherberge im teuren Stadtteil Killara ausgezogen und nach Singapur aufgebrochen. Und er war nicht der Einzige: Einige unserer nicht-australischen Freunde bekamen irgendwann diesen „Inselkoller" und wollten wieder zurück in die große, weite Welt. Selbst Harry, unser australischer Freund auf der Fähre, wollte plötzlich die Welt erkunden und brach nach England auf, wo er einen Onkel besuchen wollte. Irgendwann bekam ich dann mal eine Facebook-Anfrage und erfuhr, dass er auf der Tower Bridge eine alte Schulfreundin wiedergetroffen hatte und die beiden nun gemeinsam durch Europa tingelten. Und auch Michaela, die schon seit ihren Unitagen in Australien war, sehnte sich mehr und mehr nach Österreich, ihrer Familie und – aber das ist nur eine Vermutung – nach den leckeren Salzburger Nockerln ihrer Mutter zurück. Australien hatte einen schlichten Nachteil: Es war zu weit weg von Europa. Der Flug war lang und teuer und man konnte nicht einfach mal so übers Wochenende nach Hause fliegen.

Als sich unsere ersten fünf Jahre dem Ende neigten, setzte diese gewisse Nachdenklichkeit ebenso bei uns ein, vor allem als Michael auch noch ein Angebot aus München bekam. Sollten wir unsere Koffer wieder packen und „nach Hause" gehen? Aber war München denn überhaupt noch unser Zuhause? Und wer von unseren Freunden war noch da? Eine meiner besten Freundinnen war in die Schweiz gezogen, unser Freund Joachim hatte die Erinnerungen, die München und seine Wohnung mit sich brachten, ebenfalls nicht mehr aushalten können und war nach Frankfurt übergesiedelt. Da hatte auch der Kübel Farbe nichts geändert, den wir in einer Gemeinschaftsanstrengung an die Wand gemalt hatten. Auch mein Kollege Robert war nicht mehr in Bayern. Er pendelte zwischen einer neuen Flamme in Spanien und seiner alten Heimatstadt Saarbrücken hin und her. Nur Anita war noch immer in München, zumindest zeitweise, da sie inzwischen verheiratet war, drei Kinder hatte, eine Adoptivtochter und ein Ferienhaus am Chiemsee.

Auch wir hatten inzwischen eine kleine Tochter – und später noch einen Sohn bekommen – und im Endeffekt waren es die Kinder, die unsere Wurzeln immer tiefer in den Fünften Kontinent wuchern ließen. Sie hatten einen australischen Pass und sprachen fließend Englisch – ganz ohne unseren deutschen Akzent.

Durch die Augen der Kleinen, die zwar gut Deutsch sprachen, aber ja in Australien geboren waren und dort aufwuchsen, erlebte ich letztendlich auch Deutschland wieder neu.

Als unsere Tochter das erste Mal einen Fuß auf deutschen Boden setzte, war es ein kalter Wintermorgen in Frankfurt. Die Leute hetzten in dicken Wintermänteln verpackt zu ihren Gates. Deutsche Zollbeamte kontrollierten Pässe und bunte Neonschilder blendeten unsere übermüdeten Augen. Während ich einfach nur froh war, deutschen Boden unter den Füßen zu haben und ein Gefühl der Sicherheit verspürte (hier verstehst du jeden, kannst alles lesen und weißt, wie du von A nach B kommst), sah sie sich erstaunt und mit großen Augen um und sagte mit einem deutlich überraschten Unterton in der Stimme: „Mama, die sprechen hier ja alle Deutsch." Vorher war ihr die Sprache wohl eher wie eine praktische Geheimsprache erschienen, die außer unserer Familie und einigen wenigen Freunden niemand verstand. Allerdings merkte sie schnell, dass dies hier anders war. Als wir in München einmal mit dem Bus fuhren und uns ausgiebig über die pünktlichen öffentlichen Verkehrsmittel in Deutschland freuten, hatte sie nichts Besseres zu tun, als über die Leute in unserer Umgebung zu plaudern. „Mama, warum hat dieser Mann denn so eine dicke Nase" war dabei der schlimmste Spruch und zudem eindeutig, da sie, während sie noch sprach, auf einen wohlbeleibten Afrikaner mir gegenüber deutete. Glücklicherweise nahm der das Ganze mit Humor und grinste uns nur freundlich an. Auch im Supermarkt verkündete sie einmal stolz: „Guck mal, das Kleid sieht genauso aus wie unser Duschvorhang." Letzteres war korrekt – es war exakt das gleiche Muster – doch damit war es an der Zeit, eine kleine Unterhaltung darüber zu führen, was man alles nicht sagen konnte, wenn jeder einen versteht.

Über die Jahre hinweg versuchten wir, einmal im Jahr nach Deutschland zu reisen, doch die Anreise mit einer vierköpfigen Familie gestaltete sich nicht immer einfach. Auf einem unserer Flüge zurück nach Australien mussten wir in Abu Dhabi umsteigen. Doch kurz vor der Landung – als die Anschnallzeichen bereits aufleuchteten - musste unser damals dreijähriger Sohn plötzlich dringend zur Toilette. „Ich hatte dich doch eben noch gefragt. Da musstest du nicht." „Jetzt muss ich aber." „Kannst du es nicht noch zehn Minuten aushalten? Dann sind wir gelandet." „Nein, es kommt jetzt gleich." Er zerrte die Hose hoch, als könnte er es damit stoppen. Michael zog die Augenbrauen hoch. „Und jetzt?" Unsere Tochter fing an zu kichern. „Niklas macht in die Hose. Niklas macht in die Hose." Ich seufzte. Das Flugzeug war eindeutig in den Landeanflug gegangen, selbst die Stewardessen hatten sich schon angeschnallt. Ich schaute mich um. Alle anderen Passagiere waren damit beschäftigt aus den Fenstern zu schauen, um einen Blick auf die glitzernden Hochhaustürme der arabischen Metropole zu erhaschen. „Mama, es kommt. Es kommt." Ich überlegte nicht mehr länger. Ich riss das Töpfchen, das wir stets dabei hatten aus der Tüte, schnallte meinen Dreijährigen ab, zog die Hosen runter und setzte ihn im Sitzzwischenraum aufs Töpfchen. Zehn Sekunden später strahlte er: „Fertig." Hosen also wieder hoch und 30 Sekunden später war die Aktion zu Ende und Niklas wieder angeschnallt. Doch es war auch allerhöchste Zeit. Ich erhaschte einen kurzen Blick auf Wüstensand, einen Tower und ein anderes Flugzeug und schon setzten wir auf der Rollbahn auf. Ich atmete erleichtert auf. Gelandet. Fliegen war ohnehin nicht meine Lieblingsbeschäftigung und dann noch so eine – für mich – halsbrecherische Aktion.

Michael schüttelte den Kopf. „Und was willst du jetzt mit dem Inhalt des Töpfchens machen? Willst du das jetzt zum Ausgang mitnehmen?" Ich runzelte die Stirn. Mir blieb wohl nichts anderes übrig, als alle aussteigen zu lassen und das Töpfchen dann am Schluss zur Toilette zu bringen, bevor auch ich ausstieg. Und so wurde es gemacht. Michael und die Kinder beschlossen, draußen vor dem Gate auf mich zu warten, während ich die mehreren hundert Passagiere an mir vorbeiziehen ließ und das Töpfchen dabei so gut wie nur möglich unter dem Sitz verbarg. Ich wühlte in meiner Handtasche herum, als ob ich etwas suchen würde. Ich puderte nochmal die Nase und zog den Lippenstift nach. Dann holte ich einen Notizblock hervor und schrieb eine Liste, was ich zu Hause alles einkaufen musste. Nach etwa fünf Minuten verließen die letzten Reisenden die Kabine. Ich sprang auf, packte meine Handtasche und das Töpfchen und raste an der grinsenden Stewardess, die das Ganze durchschaut hatte, vorbei zur Toilette. Drei Minuten später war auch ich aus dem Flugzeug raus und schaute mich von dem plötzlichen Sonnenlicht geblendet nach Michael und den Kindern um, die am Ausgang bereits ungeduldig warteten. „Jetzt muss ich mal. Dringend", sagte Michael, lachte und drückte mir Koffer und Kinder in die Hand.

Dass ich bei meiner Töpfchenaktion nicht ganz so unauffällig war, wie ich dachte, kam einige Tage später raus, als ich eine Facebook-Nachricht von einem alten Klassenkameraden erhielt. Markus war im selben Flugzeug wie wir gewesen, doch war sich damals nicht wirklich sicher, ob ich es war. Seine Frau hatte wohl, als er den Verdacht äußerte, gesagt: „Du glaubst dauernd, jemanden zu kennen und dann ist er es doch nicht. Das ist ja schon peinlich. Lass diese arme Familie mit den kleinen Kindern in Ruhe. Die haben wirklich gerade anderes zu tun, als sich mit dir auseinanderzusetzen." Das Ganze hatte ihm wohl aber keine Ruhe gelassen und er hatte sich zudem gewundert, warum ich nicht ausgestiegen war. So schrieb er mich über Facebook an und fragte vorsichtig an, ob ich es vielleicht doch gewesen sei. Ich musste gestehen, dass er Recht hatte und wir amüsierten uns beide noch ein Weilchen über die Töpfchengeschichte und wie klein die Welt doch war.

Das Thema Kinder eröffnete uns aber auch einen weiteren Einblick in die australische Psyche, die wir bis dato noch überhaupt nicht gekannt hatten. Das fing damit an, dass die Kinder in Australien deutlich organisierter und behüteter aufwuchsen. Michael und ich führten lange Diskussionen, ob die Kleinen nun mit dem Auto an der Schule vorgefahren werden müssten, wie das die Australier taten oder doch zu Fuß den zehnminütigen Weg auf sich nehmen könnten. Und wie sollte eine Geburtstagsparty aussehen? Mussten wir nun auch 250 Dollar ausgeben und geflügelte Feen, Reptilienzoos oder Zauberer ins Haus holen? Oder tat es ein bisschen Basteln, ein Ü-Eierlauf und ein selbstgebackener Kuchen mit Kerzen genauso? Mussten wir *Fairy Bread* – mit bunten Sprenkeln bestreutes Weißbrot – servieren und den Kindern am Ende auch noch einen Beutel voller Süßkram in die Hände drücken? Eine sogenannte *Party Bag*? Mussten wir am Samstagvormittag um acht Uhr frierend an einem Sportplatz stehen und unsere Kinder mitten im Winter in kurzen Kleidchen oder Höschen Netball, Rugby oder Australian-Rules-Football spielen lassen und am Sonntagmorgen am Strand auflaufen, um sie bei den Nippers zum Rettungsschwimmer trainieren zu lassen?

„Wir machen da unser eigenes Ding", pflegte Michael zu sagen. Doch ich war skeptischer. Schließlich wollten die beiden ja dazu gehören und keine Außenseiter sein. Und so knickten wir bei manchen Themen ein. Wir vergaben am Ende einer typisch deutschen Geburtstagsparty die *Party Bags*, ohne die kein australisches Kind nach Hause gehen wollte, und zwei Saisons testeten wir uns gar mit dem Frühaufstehen am Samstag und ließen unsere Tochter auf den Netball-Platz. Netball ist ein seltsamer Sport. Ich brauchte eine ganze Weile, um die Regeln zu verstehen und dann verstand ich auch schnell, warum in Deutschland niemand das in Australien über die Maßen beliebte Ballspiel spielte. Es gab mehr Regeln als im Basketball und die Bewegung, die man mit dem Ball in den Händen machen durfte, sah einfach nur lächerlich aus. Einen Korb durfte nur der werfen, der die Position im Korbbereich spielte – alle anderen waren auf ihre eigenen Felder beschränkt. Warm werden konnte man bei dem Spiel kaum, und obwohl es oft Temperaturen um die fünf bis acht Grad hatte, mussten die Mädchen in ärmellosen Kleidchen spielen, die gerade mal über die Hüfte reichten. Strumpfhosen, Jacken oder T-Shirts unter dem Trikot waren streng verboten und die Clubverantwortlichen patrouillierten die Spielfelder. Einmal geriet sogar ich selbst in die Schusslinie der Damen, die sich über meine Stöckelschuhe am Rande des Spielfeldes erzürnten. Wir quälten uns aber immerhin tapfer durch zwei lange Winter, bis unsere Tochter – dem deutschen Blut sei Dank – meinte: „Du Mama, irgendwie macht mir das Netball nicht mehr so viel Spaß und kalt ist mir auch immer." „Willst du denn nicht weiterspielen in der nächsten Saison, wenn auch alle deine Freunde spielen?" Eine kurze Pause: „Nee, nicht wirklich." „Hurra!", hätte ich schreien können, doch ich riss mich natürlich zusammen. „Nun, wenn's dir keinen Spaß mehr macht. " Michael stand hinter ihr und streckte stumm beide Daumen in die Luft. Ja, dieses Erlebnis lag hinter uns.

Dafür gab es noch eine unzählige Menge an Urkunden und Preisen, die die Kinder ständig in der Schule gewannen und die einen als gute Mutter oder Vater natürlich zwangen, die Schulversammlung zu besuchen, um das Kind auf der Bühne zu sehen, wie es einen grünen Zettel bekam, weil es besser als sonst aufgepasst hatte, den besten Aufsatz der Klasse geschrieben hatte oder besonders schön im Chor sang. Susan, die selbst drei Kinder hatte und ziemlich down-to-earth war, gab mir den Rat: „Du musst einfach ein wenig schauspielern, loben, begeistert sein, auch wenn die Urkunde ziemlich lächerlich ist." Ich nickte: Im ersten Schuljahr hatte meine Tochter einen Preis dafür bekommen, dass sie die meisten Bücher in der Bibliothek ausgeliehen hatte – was einfach nur daran lag, dass wir ansonsten nur deutsche Bücher zu Hause hatten. Susan musste grinsen, als ich davon erzählte: „Weißt du, wir Australier sind einfach gerne immer positiv und loben lieber als zu kritisieren." Da hatte sie definitiv recht. Denn unser Netballteam beispielsweise schaffte es, sämtliche Spiele der Saison katastrophal zu verlieren und die Eltern begrüßten ihre Schützlinge nach jedem Spiel trotzdem mit den Worten: „Was für ein tolles Spiel. Ihr wart ganz toll. Nochmal besser als beim letzten Mal." Moment mal, hatten die das selbe Spiel wie ich gesehen? Bei dem unsere Mannschaft den Ball kaum hatte und wenn, ihn umgehend wieder verlor, weil der eine zum Gegner warf, der andere ins Aus oder eine der vielen komplizierten Regeln missachtete und der Ball als „Strafe" ans andere Team ging? Susan schaute mich erstaunt an: „Das muss mit eurer deutschen Mentalität zu tun haben. Ihr seid zu kritisch. Wir Australier arbeiten eben mit positiven Methoden. Kritisiert werden die Kleinen noch oft genug in ihrem Leben." Ich schaute sie erstaunt an: Da war was Wahres dran. Wenn ich die Geschichten einer Münchner Freundin hörte, wie viele Tests ihre Tochter schrieb und was die Lehrerin jedes Mal mit rotem Stift darunter schrieb, war ich froh, dass wir nie einen Test zu Gesicht bekamen, keine Noten erfuhren und nur über Urkunden und die Zeugnisse zum Halbjahr und am Ende des Jahres informiert wurden. Das nahm tatsächlich Stress aus dem Schulleben – auf Seiten der Eltern und der Kinder. Der Stress fing erst an, als man sich für eine Highschool ab dem siebten Schuljahr entscheiden musste, denn dann hieß es, tief in die Tasche zu greifen. Die meisten der öffentlichen Schulen waren nach Meinung vieler Australier nicht gut genug und die Kinder sollten deswegen auf eine renommierte Privatschule, die bis zu 10 oder gar 20.000 Euro kosten konnte, gehen. Die dafür aber vom Psychologiekurs bis zum Wasserpolo alles anbot, was man sich nur vorstellen konnte, professionelle Theaterstücke und Musicals aufführte und die Kinder untereinander vernetzte, sodass der erfolgreichen Karriere nichts mehr im Weg stehen sollte.

Michael weigerte sich zunächst hartnäckig, eine private Schule überhaupt in Erwägung zu ziehen und versuchte sich geschickt aus der Affäre zu ziehen. „Bis zur Highschool ist es ja noch lange hin. Das können wir immer noch entscheiden." „Denkst du! Ich weiß von Susan, dass man die Kinder in manchen Schulen schon nach der Geburt anmelden muss." Michael legte seine Stirn in Falten. „Meint sie das ernst?" Er schüttelte seinen Kopf entsetzt und verdrehte die Augen. Ich erwähnte das Thema nicht mehr und beschloss, beide Kinder zumindest mal auf die ellenlangen Wartelisten einiger Schulen zu setzen. Man wusste ja nie. Als wir viel später tatsächlich mal eine der Schulen persönlich besuchten, war es allerdings auch um mich geschehen. So eine schöne Schule mit so vielen Angeboten hatte ich noch nie gesehen. Es gab einen 50 Meter langen Pool, Tennisplätze und eine unglaubliche Bibliothek, von der mein altes

Gymnasium zu Hause nur hätte träumen können. Wir bekamen eine exklusive Führung von einer sehr eloquenten Schülerin aus der 11. Klasse, die in ihrer blau-grauen Schuluniform mit Blazer aussah, als wäre sie direkt der Vorstandssitzung einer Bank entsprungen. Ich konnte es nicht verbergen: Ich war ziemlich beeindruckt. Vorsichtig warf ich einen Blick auf Michael. „Zumindest sieht man, wo das ganze Geld landet", war seine trockene Reaktion. Ich seufzte und beschloss, das Thema weiter ruhen zu lassen. Schließlich waren wir ohnehin nur auf der Warteliste.

„Kommt, lasst uns an den Strand gehen!" Michael unterbrach meine Gedanken über Schulen, Gebühren und Wahlfächer. „Der ist umsonst und wenn uns der Wind durchbläst, wird der Kopf auch wieder klar." Ich schaute meine Tochter an, die nur kurz von ihrem „Harry Potter"-Buch aufschaute, das sie überall mit sich herumschleppte. An meinem Ärmel zupfte es derweil kräftig. „Was möchtest du? Hast du deine Sprache verloren?", fragte ich unseren Sohn. „Ich will einen Kuss." Ich küsste ihn und fragte ihn plötzlich ernst: „Bist du ein Australier oder ein Deutscher, was denkst du?" Er musste keine Sekunde überlegen: „Ich bin Australier. Oma und Opa sind Deutsche." „Und Mama und Papa?" Er überlegte kurz: „Ihr seid eine gute Mischung."

Epilog

Zehn Jahre später

Und irgendwie hatte er mit dem Spruch, der ihm so locker über die Lippen kam, recht. Wir standen inzwischen irgendwo dazwischen, doch eigentlich fand ich das nicht schlimm. Inzwischen haben wir sogar ernst gemacht und es „vollbracht". Wir sind Australier geworden und sind nicht mehr nur Deutsche.

Nach fast zehn Jahren am anderen Ende der Welt können wir nun wählen oder uns wählen lassen, für ein Studium die australische Version unseres Bafögs beantragen und uns wirklich auf jeden Job im Land bewerben. Das wusste ich alles, nachdem ich einen sogenannten *Citizenship Test* ablegen musste, quasi meine Tauglichkeit für die australische Staatsbürgerschaft beweisen musste. In einem Begleitbuch stand alles, was man wissen musste, und ich fühlte mich gleich ein paar Jährchen jünger und auf die Schulbank zurückversetzt. Ich lernte etwas über die australische Nationalblume, die *Golden Wattle*, das Wappen, in dem Känguru und Emu abgebildet sind, die Nationalhymne *Advance Australia Fair* und die unterschiedlichen Flaggen und ihre Bedeutungen. Ich lernte zum Beispiel, dass der gelbe Kreis inmitten der Aboriginal Flagge für die Sonne, die obere schwarze Hälfte für die Aboriginal People und die rote untere Hälfte für das Land und die spirituelle Bindung dazu stehen, dass der Anzac Day am 25. April aller australischer Soldaten gedenkt und ich erfuhr, wofür das Parlament, das aus Senat und Repräsentantenhaus besteht, zuständig ist.

Kurz danach fühlte ich mich so gut informiert, wie ich es zuletzt nach dem Abitur oder der Magisterprüfung empfunden hatte. Und so legte ich den Test problemlos ab und stand kaum zwei Monate später zwischen 50 anderen Ausländern in einem relativ kargen und dunklen Veranstaltungsraum des Department of Immigration and Citizenship. Tieflila Stühle bestückten die Reihen, Flaggen und ein

Porträt der Queen umrahmten ein kleines Podium und ein Mikrofon, in das die Bürgermeisterin einige begrüßende Worte sprach. „From this time forward under God, I pledge my loyalty to Australia and its people, whose democratic beliefs I share, whose rights and liberties I respect, whose laws I will uphold and obey." Ich stand aufrecht, als ich die Worte wiederholte – das offizielle Gelöbnis auf mein neues Land, oder besser gesagt auf mein Zweitland. Es war ein sonniger Morgen mit ein paar wenigen Cirruswolken am Himmel, die aussahen, als hätte sie jemand mit einem verwaschenen alten Pinsel in das Tiefblau da oben gemalt.

Alle Hautfarben waren vertreten, ältere Leute wie auch Kinder, standen um mich herum – manche mit Kopftuch, manche mit langen wallenden Gewändern, manche im Anzug und manche mit zerrissener Jeans und T-Shirt. Die Anwesenden waren irgendwie ein gutes Spiegelbild der australischen Gesellschaft, dachte ich noch bei mir. Dann schaute ich an mir selbst herunter. Ich hatte mich in meinen coolen Ledermantel geworfen, den ich einst in Barcelona gekauft hatte. Ein grauer Schal lag auf meinen Schultern und ich fasste unwillkürlich nach meiner silbernen Kette um den Hals und fingerte daran herum. Sah so eine neue Australierin aus? Oder war es tatsächlich egal in diesem Land, wer man war und wie man aussah? Der Mann neben mir, wahrscheinlich ein Inder oder Pakistani, schüttelte mir die Hand und gratulierte mir. Ich stammelte ebenfalls schnell einen Glückwunsch. Und plötzlich wurde mir kräftig warm ums Herz. Fast musste ich eine Träne verdrücken, es war ein schönes Gefühl, dazu zu gehören, zu diesem jungen Staat, der in den vergangenen 200 Jahren eine Menge auf die Beine gestellt hatte und dabei jederzeit zusammen hielt. Ein Gefühl des Stolzes wallte in mir auf. Glücklich hielt ich wenig später meine *Citizenship*-Urkunde nach der Zeremonie in die Kamera. Ich ließ mich auch noch vor den australischen Flaggen fotografieren, doch auf das Foto neben dem Standbild von Königin Elizabeth II verzichtete ich. Dafür war ich doch zu sehr im republikanischen Denken verhaftet.

Doch ich bin stolz, Australierin zu sein und ich bin nach wie vor stolz, Deutsche und vor allem Europäerin zu sein. Für mich ist das kein

Widerspruch. Heute reise ich mit dem australischen Pass aus Australien aus bzw. ein und mit dem deutschen Pass in Europa ein bzw. aus. Nur beim nächsten Fußballspiel der beiden Länder werde ich mich entscheiden müssen. Bin ich für die *Socceroos* oder doch für die deutsche Nationalelf? Mhm, oder vielleicht doch für ein Unentschieden? Eben eine gute Mischung.

Die Autorin

Barbara Barkhausen ist Autorin und Journalistin. Bevor sie 2002 mit ihrem Mann nach Australien auswanderte, studierte und arbeitete sie zehn Jahre in München und Los Angeles. Sie lebt mit ihrer Familie in Sydney und arbeitet dort als Auslandskorrespondentin für eine europäische Nachrichtenagentur sowie diverse Tageszeitungen, Magazine, Radio- und Fernsehsender.

Im MANA-Verlag sind von ihr bereits zwei andere Bücher erschienen: *Das Australien-Lesebuch – Alles was Sie über Down Under wissen müssen* und *Gefährliches Australien – Giftiges und Bissiges auf dem Fünften Kontinent.*

Barbara Barkhausen
Das Australien-Lesebuch.
Alles, was Sie über Down Under
wissen müssen
Aktualisierte und erweiterte
Neuausgabe 2013
Herausgegeben von Patrick Pohlmann
MANA-Verlag Länderporträt
ISBN 978-3-95503-004-9
Klappbroschur, 18 x 21 cm, 432 Seiten
Durchgehend vierfarbig, ca. 360 meist
farbige Bilder
€ (D): 24,80

Barbara Barkhausen
Gefährliches Australien.
Giftiges und Bissiges auf dem Fünften
Kontinent
Aktualisierte und erweiterte
Neuausgabe 2013
MANA-Verlag Spezial
ISBN 978-3-95503-005-6
Klappbroschur, 18 x 21 cm, 160 Seiten
Durchgehend vierfarbig, ca. 140 Farb-
bilder
€ (D): 22,80

Impressum

Bildnachweis:
Umschlagfoto von Barbara Barkhausen

Bibliografische Information der Deutschen Bibliothek
Die Deutsche Bibliothek verzeichnet diese Publikation in der deutschen
Nationalbibliografie. Detaillierte bibliografische Daten sind im Internet
unter http://dnb.ddb.de abrufbar.

Umschlagentwurf und Layout
MANA-Verlag

Redaktion und Satz
MANA-Verlag

Druck
EU, Litauen, Standartu

ISBN
978-3-95503-012-4